山本あきこの

日本一楽しい
おしゃれドリル

Akiko Yamamoto
Fashion Drill

はじめに

こんにちは。スタイリスト山本あきこと申します。

私は雑誌や広告のスタイリストとして活動しながら、
一般のお客様のパーソナルスタイリングをしたり、ＹｏｕＴｕｂｅなどのＳＮＳを通して
プチプラアイテムを使ったファッション提案をしています。

また、おしゃれの理論を体系的に学べるファッションスクールを運営したりと、
これまで1万人以上の女性と洋服を通して関わらせていただきました。

その中で気づいたことがあります。
自分が何を着るかを、多くの人が「似合うか似合わないか」で
無意識に制限してしまっている、ということです。

でも洋服って、「似合うか似合わないか」だけで制限するものではなく、
うまくつき合えば、なりたい自分に近づけたり、人生をより楽しくしてくれる
即効性のあるツールだと思うのです。
だからこそ、これを使わない手はないですし、これを楽しまない手はないのです。

そしてもう一つ。
おしゃれは「お金がかかる」「センスがいい人がするもの」と思っていませんか。

実は、そんなことはありません。
お金をかけなくても、センスがなくても、誰でもコツをつかめばおしゃれになれるのです。
「人の目を気にせずに思いっきりおしゃれを楽しんでほしい！」
そんな思いから、このドリルを作りました。

このドリルは、楽しむためにあります。
子どものころ、少しずつ取り組んだドリルのように、ページのとおりに進めていってみてください。
最初は半信半疑でかまいません。「おもしろがってやっていたら、いつの間にか服選びが楽しくなって、
気づいたらおしゃれになっていた」……そうなっていけます。

また、このドリルで使うアイテムは、１０００円以下の小物や、洋服もプチプライスなものが多いので、
迷ったらドリルに出てくるコーデをそのままマネっこしてくださいね。
毎日着るものを自分で楽しめるようになったら、日々がもっと豊かに幸せになれるはずです。

ウィズコロナの暮らしが続き、気持ちが停滞しがちな今こそ、洋服との向き合い方を見直すチャンス。
「ずっと家にいるんだから、服なんてどうでもいい」とは思わず、
むしろ逆手にとって「人の目を気にしなくていいから、何着てもＯＫ！」と
洋服を楽しんじゃいましょう。

さぁ、大人のおしゃれドリルの始まりです！

合言葉は「おもしろがる♡」。そんな思いで、進めていってくださいね!!

このドリルの使い方

この本は、おしゃれ力向上のためのドリルです。
20項目の練習問題「やってみよう」にチャレンジするうちに、
洋服の着こなしテクニックが自然と身につくカリキュラムになっています。
できるだけ問題はとばさず、1つずつクリアしてみてください。
練習問題を進めていくうえで、以下の3つを守ってください。
最大限に効果を高めることができます。

1

今の自分を直視！　しっかり見て、受け止める！
自撮りして自分を客観的に見ていこう！

2

「できない」「似合わない」など余計なことは
考えないで、まず、やってみる！

3

とにかくおもしろがろう！

このドリルは、自分自身と向き合うトレーニングでもあります。
洋服を通じ、自分の今の姿に向き合い、自分の本当の「好き」を探り、
「こうなりたい」を実現していく方法を身につけていきます。
いい悪いのジャッジは必要ありません。まずやってみる。
そしておもしろがってみてください。
入門編、中級編、応用編と進むうちに、おしゃれの楽しさ、
醍醐味を体感でき、新たな自分にアップデートできるはず。
さあ、今日から「なりたい自分」に近づいていきましょう！

山本あきこの

日本一楽しいおしゃれドリルのカリキュラム

ドリルを始める前に

入門編

p.023

プチプラアイテムや手持ち服で

「イケてる自分」を疑似体験する！

中級編

p.083

カラーコーデを楽しもう

自分の「好き」を自分に着せてあげる

応用編

p.109

定番服や着こなしを更新

自分はおしゃれって認めてあげる

このドリルを使うと
どんな効果があるか
まずは**マンガと**
私が教えている
ファッションカレッジの
生徒さんの体験談で
予習してみましょう！

大事なのは
「とりあえず、
まんまやってみる」こと！
「着るだけ
着てみる」精神で！

みんなステキだなぁ…
Share-san
この人なんて私と同じ年なのに…
地味川さん
はい
会議の資料置いておきますね
あ、ありがとうございます
いーなー
池照さん…2児の母なのにおしゃれに手抜きなし…
ジーーッ
それに引きかえ私ときたら……
地味川影子(35)
さえない
老け見え
いつも同じ
こんな自分にうんざり……
大丈夫!
ビクッ
少しの工夫であなたもおしゃれに変われます!
そのヒントをドリルにしたのがこの本です!
あなたは人気スタイリストの山本あきこさん!!
まず3つのことを覚えておいて!

一、今の自分をしっかり見る！
一、余計なことは考えず
ドリルをやってみる
一、とにかくおもしろがる！
まず自撮り！
自分を客観視してみましょう！
サッ
無理!!
自撮りなんてイケてる人たちがすることでは〜っ
自撮りは自分とのコミュニケーション！今の自分をちゃんと見てあげて！
ということで…
まずピアスを大きいものにかえてみて！
ゴロッ
ええ!!
絶対似合いませんって!!
いーから
いーから
ひーひーひー
そしてハイ！自撮り！
カシャ
…あれ……意外に……
絶対似合わないなんてことないでしょ？
髪を耳にかけるといい感じ…？
なんて??
でしょう!?
カシャカシャ
キャー!!
まずはやってみる！最初は自己満足でいいの!!

自撮りをしながらどうしたら映えるか少しずつ工夫してみて！自分で決めつけないでいいの！あなたは変わっていけるから！
どうせ似合わない
私には派手すぎる
ダンナが何て言うか…
自分をさえなくしていたのは自分だったんだ!!
ガーン!!
この本ではおしゃれの工夫をドリルで提案しているので一つずつやっていけば着実におしゃれ偏差値が上がります！
変化や新しい自分を少しずつとり入れて！毎日に楽しみをちりばめる感覚で!!
ハイ！じゃあ白シャツをおしゃれに着てみましょう!! 袖まくって！ 裾をインして！
p.67参照
わ!!
おしゃれさんみたい！
流行りのグラデコーデはホラッ！ 白と黒を散らすと簡単よ♡
p.104参照
ほんとだ!? 楽しくなってきた!!

次はカラーコーディネートに挑戦してみましょうか!
わ、色使いって苦手~!!
好きなお菓子や花の色合いをまねてみることから始めてみたら?
まわりは気にせず、どんな色が好きか自分の中の声を聞いてみて……
お菓子や花
アポロチョコ
カッ
それだ!!
好きだったピンク、もう似合わないって思ってたけど……茶色多めならおしゃれに着られた~♡
うそーっ
このドリル楽しすぎますっ
よかったー♡
数日後
地味川さんその服ステキ……
どこで買ったの?
えっコレ!
うふふ自信がついて輝いてるわね
思い込みをとっ払って好きなおしゃれを楽しんでステキな毎日にしよーっ

劇的 Before → After → さらにAfter

実体験を語る！　おしゃれの楽しさを思い出し、自分を好きになるまで。

Before
写真は、
家族旅行の
snapだけ！

After
スタイルまで
よくなった！

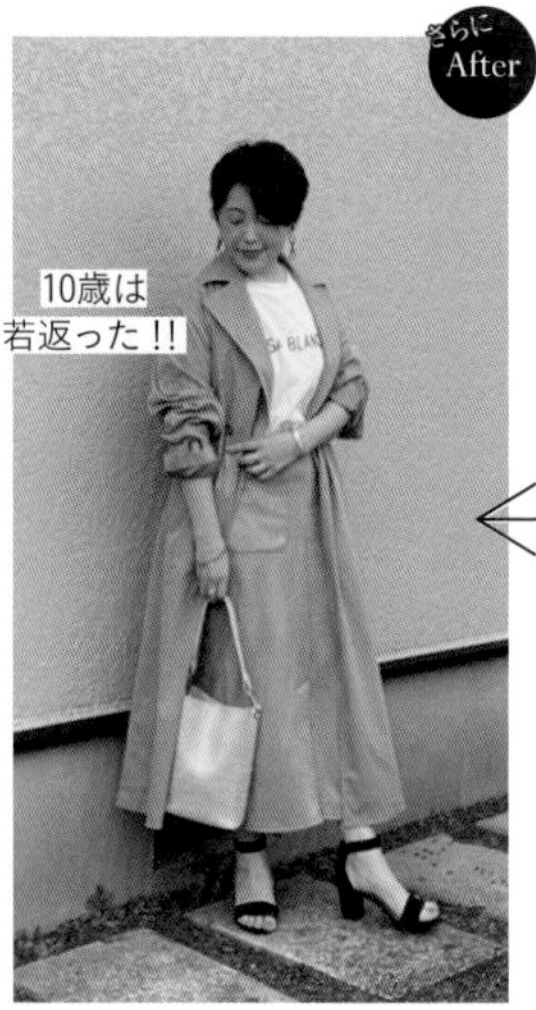
さらに
After
10歳は
若返った!!

“好きな派手色も気にせず着られ服で自分の機嫌をとれるように”

冨山夕佳さん（40歳、元小学校の教師）

第二子の産後に体形が急激にくずれ、自由に服が選べなくなり、職場（小学校）に復帰したものの、朝の服選びでイライラし、〝自分嫌い〟が加速。そのころ、山本さんの著書からカレッジの存在を知り、「何かに夢中になって元気になりたい！」と入学を決意しました。課題はどれもおもしろく、灰色に見えていた毎日に少しずつ色がのっていくような感覚でした。もともと華やかな色柄ものが好きなのですが、以前はうまく着こなせず、職業柄もＮＧ！と避けていました。しかし、今は余計なことを気にせず、スッととり入れられるように！　自信もつき、〝自分好き〟にシフト。同僚の男性から「きれいな保護者のかたかと思いました」と言われるほどに変身できました！

山本あきこ式おしゃれメソッドで人生変わった!

山本あきこファッションカレッジでおしゃれメソッドを学んだ卒業生2名が

Before
納車の
記念撮影

After
友人に
「イキイキしてる」
と言われるように

さらに
After
夫に
「きれいになった!」
と言われた

“年齢の呪縛から解き放たれ プチプラでおしゃれの冒険を満喫”

高柳素子さん(53歳、国際薬膳師、国際中医専門員の資格を持つ)

会社を早期退職した1年後、シンプルな服だと地味になって気分が上がらず、「暮らしに沿って若づくりにならずに私らしい服」を模索していました。そんなときに山本さんの著書に感銘を受け、カレッジに入学。課題を通じ、いろいろな洋服に挑戦するうちに、年齢に縛られずに好きな服を着られるように。今はプチプラのお店も躊躇なく入れ、トレンドのおしゃれを楽しんでいます。「もう年だし」と思わなくなったので、やりたいことに素直にとり組め、まわりから「イキイキしているね」と言われるようになりました。服装も気持ちも自由度が増した分、見た目も若返ったようで、年下の友人が増え、カフェで店員さんに「ステキですね」と話しかけられることもあるんですよ。

CONTENTS

002 はじめに

004 このドリルの使い方

010 山本あきこ式おしゃれメソッドで人生変わった！ 劇的Before↓After↓さらにAfter

016 ではまず！ ドリルを始める前に2つのコトをやってみてください

023 **入門編**

026 **#01 耳元から顔の印象を変えてみよう**
3cm以上の大ぶりピアスをつけてみる

030 **#02 いつも同じ見えな顔の印象を操作する**
伊達メガネで顔にメリハリをつける

036 **#03 コスメ1つで美人に見違えよう**
強めな赤リップをつけてみる

040 **#04 ソックスだけで「コーデがいつも同じ」問題を解決しよう**
3足1000円ソックスで遊んでみる

#05 足元から「いい女」になってみよう
派手色のフットネイルをつけてみる 044

#06 手元から「こなれ感」を出そう
手元に3アイテム以上アクセを重ねづけしてみる 048

#07 手持ちアイテムを見える化しよう
ハンガーの種類を統一する 052

#08 アクセサリーも見える化しよう
クリアな収納グッズでつける部位ごとにまとめてみる 056

#09 家にある白Tをおしゃれに着てみよう
袖・裾を工夫して着くずしてみる 060

#10 手持ちの白シャツを着てみよう
首・手首とウエストを見せてみる 064

column 01 「そのまま着ない」がかもし出す〝なんかわかってる感〟 068

#11 スカーフをおしゃれに使ってみよう
首以外のところに活用する 070

C O N T E N T S

076 #12 デニムパンツをおしゃれに着てみよう
甲の出る靴を合わせる

080 column 02 「カジュアル服にはカジュアル靴」という思い込みをとっ払おう

082 入門編を終えたあなたへ

083 中級編

086 #13 きれい色を着てみよう
ガリガリ君／クリームソーダ／あじさい／ひまわり／アポロチョコの配色をまねてみる

094 #14 「好きだけど着たことない色」にトライしてみよう
全身に1カ所だけさしてみる

099 #15 「全身グラデ」でおしゃれ上級者風になってみよう
土台色を遊んで洗練度UP!

106 column 03 カラスにならない黒コーデは「肌の見せ感」「素材感やわやわ」「同じ黒でも異素材」でつくる

108 中級編まで終えたあなたへ

応用編 109

#16 1万円以内で今の私にアップデートしよう 113
定番服こそ見直してみる

#17 「小物使い」をマスターしよう 124
同色の小物を全身に散らしてみる

#18 「さし色」をさしてみよう 130
さしすぎないニュアンスカラーをさしてみる

#19 いつもコーデをアップグレードしよう 140
「あたりまえ」な組み合わせを1点がえしてみる

#20 あこがれの「こなれ感」をかもし出してみよう 152
パワーアイテムを1点投入する

応用編まで終えたあなたへ 157

あとがき 158

ショップリスト 159

奥付 160

ではまず！
ドリルを始める前に
2つのコトを
やってみてください

「とりあえず」の
気持ちで
やってみて！

☑ 全身鏡を置く

5,000円程度でも
おしゃれなものが
見つかります！

ステッカー
タイプの
ものも！

今は全身鏡がお安く見つかりますよ！ 「家が狭くて置く場所がない」という人でも大丈夫！ 上部にフックがついていてドアにかけられるタイプや軽くて割れないフィルムタイプのもの、壁やドアなどにペタッとつけられるステッカータイプなどもあります。デニムパンツ／GU、ピアス、リング、靴／STEVE MADDEN／以上スタイリスト私物　カットソー／AMERICAN HOLIC　バッグ／GU

今の自分を「全身」でくまなく直視する習慣をつけて

みなさんの家の鏡ってどれくらいの大きさですか？ このドリルを進めていくうえで守ってほしいことの1.「今の自分を直視！」（4ページ参照）で必要なのが大きな鏡！ それも頭のてっぺんからつま先まで映るサイズでなくてはいけません！ 今の自分を「全身」で直視してほしいのです。そして、靴やアクセまで、すべてつけたコーデの完成形で全身鏡を見て、バランスをチェックする習慣をつけてください。洋服は着ただけで終わりではありません。袖をまくったり、衿を抜いたり、手をかけて着こなす工夫も、全身鏡でバランスを見ることが大事です。これを機に、ぜひ購入を。

☑ 毎日自撮りをする

自撮りで「全身」の自分を
客観視することに慣れよう！

みなさん、家族写真や旅行先でのスナップ写真は撮影しますよね？　ですが、〝自撮り〟と聞くと、とたんにアレルギー反応を起こし、「私なんて、無理無理無理!!」って拒絶しちゃう。わかりますよ〜恥ずかしいって気持ち。でもね、自撮りって自分との最大のコミュニケーション法なのです。今の自分の現実を正確に把握でき、さらに記録できます。見て見ぬふりをしてきたことも全部見えちゃいます。改善点も、そして隠れた魅力も！　バンジージャンプするように、エイッ！と飛び込んでみてください。大丈夫、誰にも見せなければいいんです♡

えっ私が!?
無理!!　と思ったかたも
バンジージャンプ感覚で
まずトライ！

毎日の変化を
記録するのも大事！
毎日どんどんきれいに
なっていきますから!!

「私が自撮りですか!?」派の人へ！

How to 自撮りバンジー

全身鏡で

まずは家の中で自撮りに慣れる

GOOD!

○

胸〜肩の高さに
スマホを持つ

○

口角アゲ!!

スマホを持ったほうの腕はわきを締め、胸から肩の位置に手を固定。上部を少し手前に傾けて撮影するとスタイルよく写ります。「口角を上げる」ことを意識し、にっこり笑いましょう。

NG!

×

スマホで
顔が隠れる

×

マジメ顔

こう映る

全身鏡は、「自撮り」のマストアイテム。全身鏡に自分を映し込んで撮影します。この際、散らかった部屋が写ると、おしゃれテンションが下がっちゃいます。きちんと片づけてから撮りましょう！

さらに可愛く撮れる

How to 自撮りバンジー

リモコンで

インスタグラマーっぽく撮ってみる

1 リモートセット

2 全身が入る位置へ

3 アングル確認して

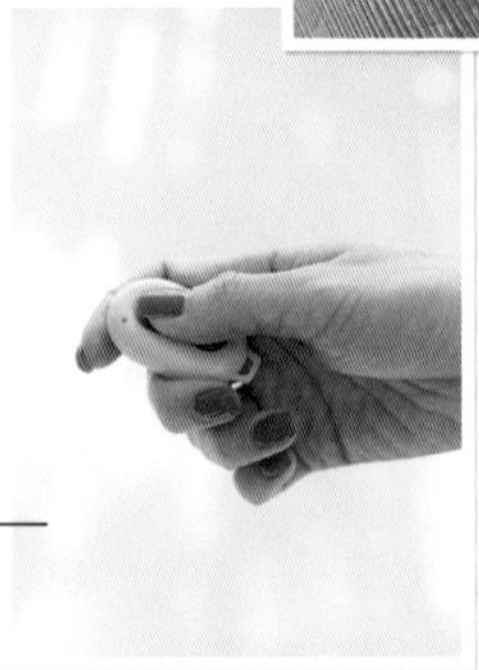

4 シャッターをオン

5 ポージング！

1.スマホを100均などでも売っているスタンドに固定。下からのアングルで撮ると、脚長効果大！　スマホがひざの位置ぐらいになる低めのテーブルなどに置くのがおすすめ。同じく100均などで買える「リモコンシャッター」でスマホのシャッターをBluetooth接続し、自撮りモードにカメラ画面を切りかえる。2.全身が映る位置へ下がる。3.背景やアングルを確認しながら、カメラの角度を調整。4.リモコンを操作して、シューティング！　5.いろいろなポーズでシャッターを切る。リモコンなら、10mほど離れていても操作が可能。

鏡かリモートか「毎日無理なく続けられる」自撮り法を見つけて

鏡だと家の中が映ってうまく撮れない！という場合は、リモコンを使ってみてください。今は100均でもスタンドや三脚も買えますよ。さて、自撮り画像を見て、どう思いましたか？「姿勢が悪いなー」「ヤバイ、太った!?」、「この角度、結構可愛いかも」といろんなことに気づいたのでは？　鏡って、見ているようで案外見えてなくて、「自分を全身で客観視する」のは、まず無理。だから、毎日、自撮り！してください。

NG!

GOOD!

ポーズと表情しだいで別人に写ります。リラックスして背すじを伸ばし、脚を前でクロスすると背高＆脚長に。そして、なにより大事なのが表情。歯が見えるくらいの笑顔で。照れないのが重要！　おしゃれインスタグラマーになりきれば、可愛い写真が撮れますよ！

自分で見てニンマリできるようにする

How to 自撮りバンジー

加工 & 保存

自撮り画像は加工で盛る！が基本

顔が明るく
目鼻立ちくっきり

肌色の
トーンアップ

After

Before

どんより暗い

シワ、シミが…

ここで使用しているのは「BeautyPlus」。「自動美顔」機能のほか、美肌/デカ目/ホワイトニング/顔やせ/美顔フィルター/脚長効果などが搭載されています。

自撮りを見る習慣がつくとしだいに姿勢がよくなり、スタイルもアップ

自撮り画像は必ず保存してくださいね。その際、写真加工アプリを使ってみましょう。おすすめは「BeautyPlus」。ナチュラルに美人に盛りまくれます。大事なのは自分が見てニンマリできること！　おもしろがりながらいろいろ試してみてください。また、自撮り画像の自分は、普段、人から見られている「リアルな自分」です。自撮りで毎日自分を客観視し、表情やポーズを工夫することで、普段の姿勢や表情もおのずと変わってくるはずですよ。

自撮り専用
フォルダに
集めるのが大事！

秘密の専用フォルダを作ってニンマリしよう

自撮り画像を家族写真や料理などとごっちゃにしてはダメ。専用フォルダを作って、まとめて保存を。フォルダに画像がたまると変化が見えやすく達成感もひとしお!!

Akiko Yamamoto
Fashion Drill

入門編

PRIMER

#01〜08

1,000円以下 でやってみよう

#09〜12

家にあるもの でやってみよう

Akiko Yamamoto
Fashion Drill

入門編 では…

PRIMER

私なんて、の心のブロックをはずす

「イケてる自分」を
疑似体験する！

やれば１００％
イケて見えます！
とりあえずやってみて！

おしゃれに自信が持てない人は
「私なんて」「あか抜けない」「さえない」「イケてない」
と自分自身で決めつけてしまってることが、多いのです。
「気合い入りすぎ」「頑張りすぎ」って見られたくなくて、
地味で無難なものを選んでしまったり。あるあるですよね。
実はこの心のブロックこそが、一番の足かせ！
入門編では、洋服を通して新しいことに、がしがしチャレンジし、
そしてイケてる自分を自撮りし、目視してもらいます。
どんどん自信をつけて、「私にはおしゃれなんて無理」という
「心のブロック」を木《こ》っ端《ぱ》微塵《みじん》にぶっ壊してもらいます!!
さぁ、「自分で自分をイケてなくし続けていた」
負のスパイラルから脱出しましょう!!!

センスないし

もう年だし

私なんて

服にお金を
かけるなんて

スタイル
悪いし

は、とりあえず置いといて！　着るだけ着てみて〜〜！

**1,000円以内で
やってみよう**

**家にあるもので
やってみよう**

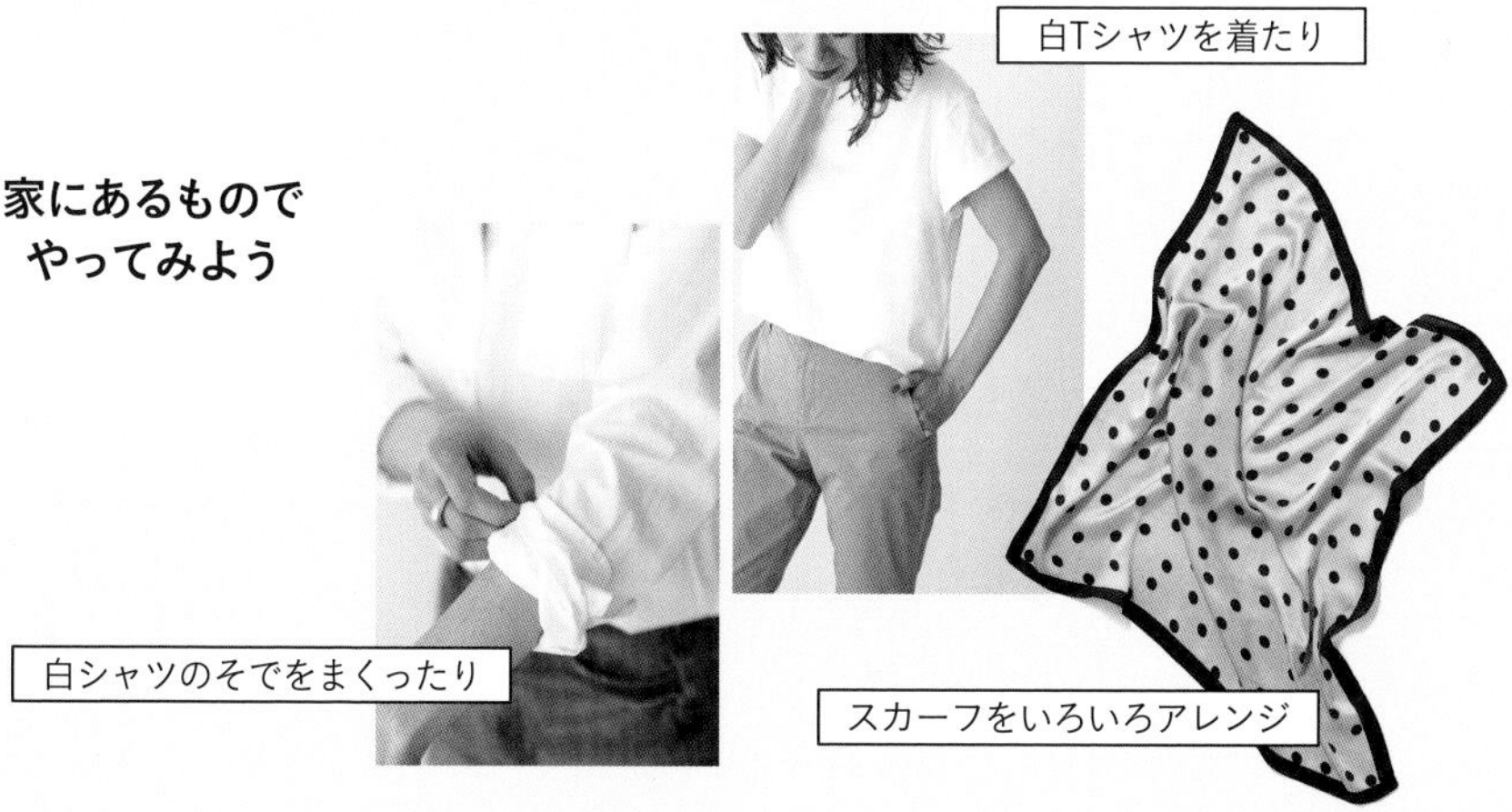

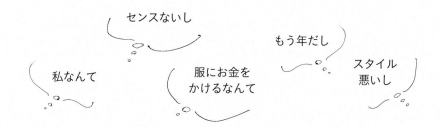

Akiko Yamamoto
Fashion Drill

1,000円以下で

やってみよう

#01

耳元から顔の印象を変えてみよう

3cm以上の

大ぶりピアスをつけてみる

イヤリングでも
もちろんOK

Point
3cm以上は厳守!

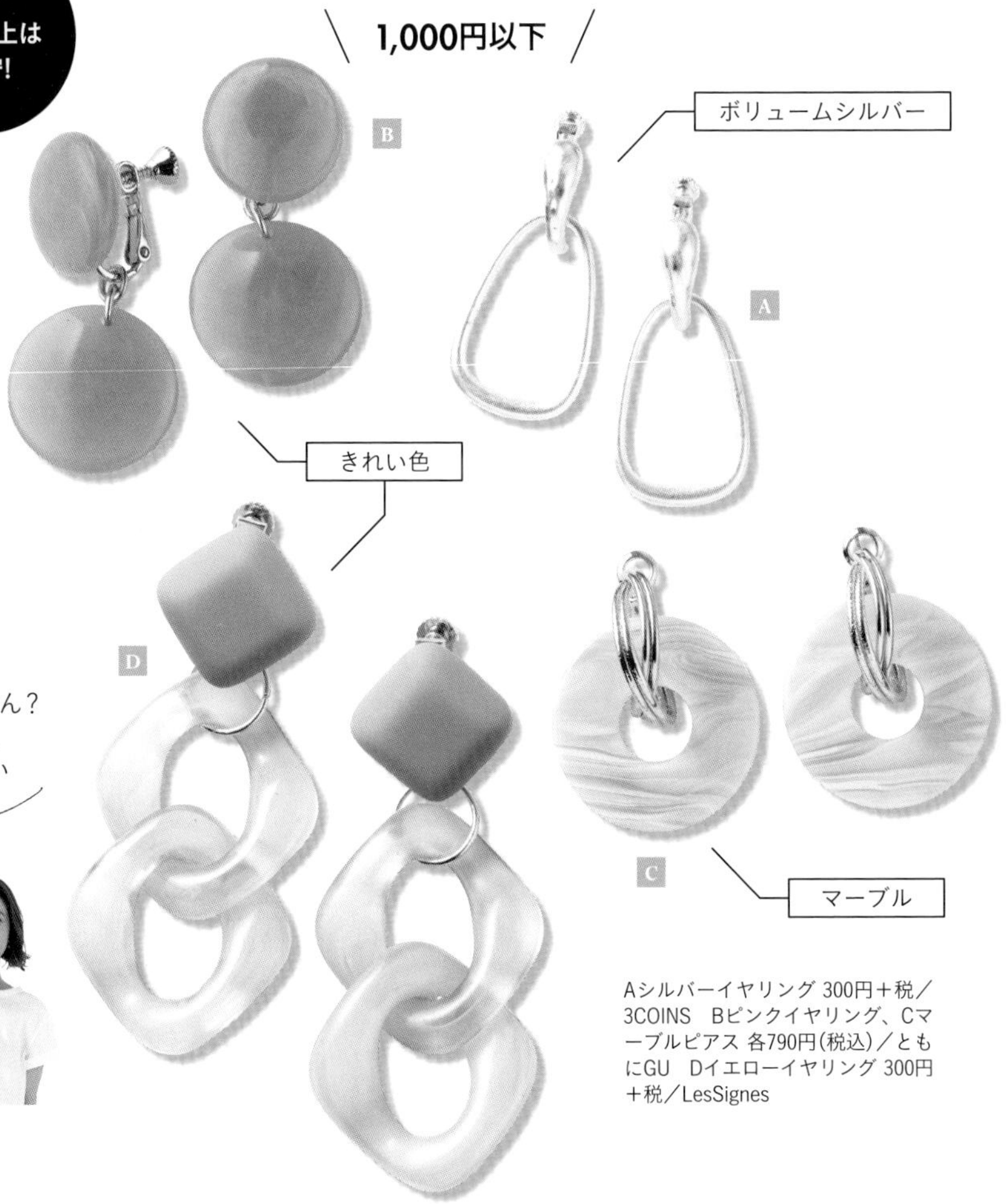

Aシルバーイヤリング 300円＋税／3COINS　Bピンクイヤリング、Cマーブルピアス 各790円(税込)／ともにGU　Dイエローイヤリング 300円＋税／LesSignes

え…ちょ
大きすぎません？
くらいが、
むしろいい

大ぶりピアスは自分の見た目変化に慣れるトレーニング

まず体験してほしいのが、「顔の印象」を変えること。えっ？　顔の印象ってそんな簡単に変えられるの!?と思いますよね。実はこれが簡単！「耳元」をピアスやイヤリングで盛るだけ。ポイントはアクセの〝大きさ〟です。全長３cm以上の、ぱっと見、「でかすぎ!?」と思うサイズ感が必要。この大きさ、つけたことがないかたも多いのでは？　大きいイヤーアクセは、つけてるだけでおしゃれに見えます。効果は絶大。ぜひご自身のお顔で試してみてください。プチプラで可愛いものが手に入るので、まずは家でこっそりつけて、大きさに慣れていきましょう。

やってみよう #01

3cm以上の大ぶりピアスをつけてみる

こうなれる #01

おしゃれを “知ってる感”を 簡単にかもし出せる

いつもの一粒ピアス

大人ですから
さりげなく

一粒ダイヤモンドのピアス
／スタイリスト私物

「大ピアス＝派手」じゃない！
〝華やか顔〟になれる大人の味方

ピアスはつけてはいたけど、小ぶりなものばかりだったというかた、一粒ピアスも上品でステキですが、おしゃれ感でいえば、断然大ぶりピアスです。大きなアクセは派手になりすぎる？　いえいえ、派手ではなく、〝華やか〟になるんです！　耳元にアクセをつけると、レフ版効果があったり、くすみ対策も。暖色系なら顔の血色をよく見せられ、メタリック系なら光を集めて顔をトーンアップ！　さらに動くとちらちらと輝き、印象美人効果まで！　おまけに「おしゃれがわかっている感」も簡単にかもし出せ、一石二鳥ですよ。

3cmのいかつめゴールドピアス

After

え!?　私、なんか
今、おしゃれ度
上がった!?

ゴールドの大ぶりイヤリング 300円＋税／3COINS
ニット／PLST　デニムパンツ／ ZARA(スタイリスト私物)

Akiko Yamamoto
Fashion Drill

1,000円以下で

やってみよう

#02

いつも同じ見えな顔の印象を操作する

伊達メガネで顔にメリハリをつける

なりたい印象に
イメチェン!

プチプラメガネで顔をかきかえてみよう！

次はメガネです。芸能人やインスタグラマーって、やたらとかけてませんか？ そしてなぜかやたらとおしゃれに見えるという！ そう、あれをやってみましょう。普段メガネをかけていないかた、「メガネは視力がよくない人のもの」と思い込んでいませんか？ 今やメガネは、アクセと同じ、おしゃれ小物。視力1.5でも堂々とかけちゃってください。メガネは顔の印象をかきかえてくれます。まずは、プチプラでトライ。もしまわりにつっこまれたら、「ドライアイで」などと言い返しちゃってください♡ コレでいきなりメガネをかけてもコワくありません。

最近、顔が
ぼやけてる？

服が映えないし、
寂しい印象

アラフォーだし
メイク変えるの
大変

マスクするし、
まぁいっか

と思っていませんか？

伊達メガネ で顔にメリハリをつける

こうなれる
#02

絶大なる**小顔効果**で いつもと違う 雰囲気をつくれる

Point
形ではなく肌とのコントラストで選びましょう

1,000円以下

メタル　　べっこう柄　　黒ぶち

コントラスト小 ⟷ コントラスト大

似合う、似合わないは関係なし！ 小顔化を楽しみ、変化に慣れて

メガネを選ぶとき、悩むのが〝似合ってる？ 似合ってない？〟問題。でも今は正解はいりません。メガネをかけることに意義があるんです。かけてみたら、「顔小さくなった？」「顔がくっきり見える？」と思うはず。自撮りするとハッキリと変化を認識できますよ。肌とメガネのコントラストが大きいほどイメチェン効果大。まずは、違和感が出にくい細めの「メタル」からスタートし、少し太めの「べっこう柄」、ザ・おしゃ見えな「黒ぶち」と、おもしろがりながらとっかえひっかえ変化を楽しんで。普段メガネのかたは別のタイプのものをかけてみましょう。

Fashion Glasses : 01

黒ぶち

くっきり黒ラインでシャープなメリハリ顔

肌色といちばんかけ離れている黒のメガネは、最もコントラストが大きく、「メガネかけてる感」もMAX。シャープでマニッシュな印象がつくりやすいのでおしゃれのポイントに。シンプルな〝いつもの服〟がカッコよく見違えます！

私ってハンサム!?
コスプレ感が
ハンパない！

Before

黒ぶちメガネ 1,000円＋税／3COINS　プルオーバー／Rocco style.　デニムパンツ／ZARA（スタイリスト私物）

伊達メガネで顔にメリハリをつける

☑ Fashion Glasses : 02

べっこう柄

ほどよくフェミニンで〝やさしげ〟な雰囲気

黒よりは肌に近いブラウン系の色みなので意外となじみやすく、やさしげで女性らしい印象に。べっこう柄のマーブル感が顔に上品なニュアンスをかもし出し、大人度もアップ。やわらかなパステルカラーのニットなどと好相性。

思ったほど
違和感がない！
好感度が上がりそう

Before

べっこう柄メガネ 1,000円＋税／3COINS　ニット／UNIQLO　デニムパンツ／ZARA（スタイリスト私物）

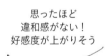

☑ Fashion Glasses : 03

メタル

最も顔になじみやすく自然かつ知的な印象

肌とのコントラストが小さく、フレームも細いので違和感なくかけられるのがメタルフレーム。ゴールドやシルバーは知的な印象をかもし出せ、アクセサリー感覚でとり入れたい！　ピアスなどとのコーディネートも楽しめます。

おしゃれ偏差値10以上
アップして
見えそう

Before

メタルメガネ 1,000円＋税／3COINS　シャツ／エルーラ(アダストリア)　デニムパンツ／ZARA(スタイリスト私物)

1,000円以下で

やってみよう

#03

コスメ1つで美人に見違えよう

強めな 赤リップ をつけてみる

思いきって濃い色を！

こうなれる

#03

赤リップ効果で顔がきりっと引き締まって見え誰でも美女になれる！

ニット／yueni（ジオン商事）　赤リップはp.39のB. インテグレート グレイシィ エレガンスCCルージュ RD525 500円＋税、ケース400円＋税（ともに編集部調べ）／資生堂を使用。

赤リップはNOTセクシー！健康的でヘルシーに見える

ここでは、顔の印象をメイクで変えてみましょう。それも赤リップ1本で！ あ、今、「赤のリップって女の敵をつくりそう」って思いました？ アラフォー世代や小さなお子さんがいるかたは、「赤は女を強調する色でセクシーになりすぎる」と避けがちですが、実は、逆なんです。唇に赤みが強いと、顔全体の血色がよく見え、セクシーというより「ヘルシー」な印象になれるのです。イキイキと元気に見えるから同性の味方も増える！ ちょっと派手め？くらいの赤に挑戦してみることです。

やってみよう #03

強めな 赤リップ をつけてみる

強めな赤ブラウンリップ

なじみベージュピンク

リップ以外
同じなのに
盛れてる！

めざせ
好印象っ

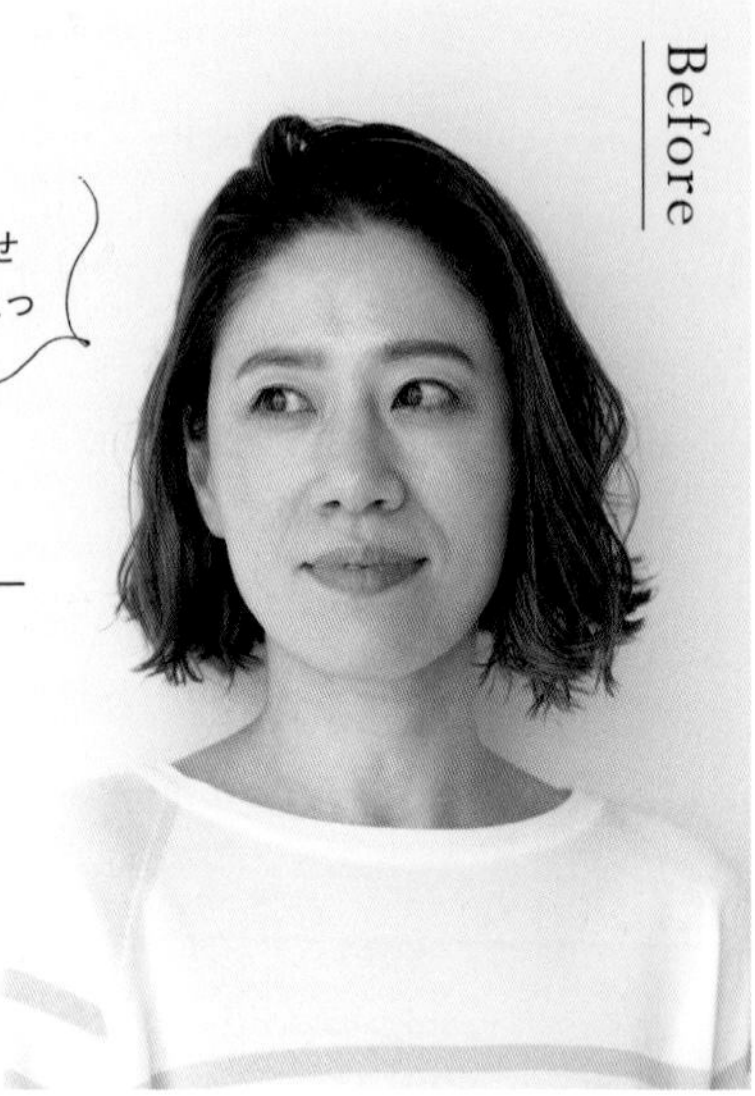

イキイキとトーンアップできて マイナス5歳がかなう！

赤リップに抵抗があったかた、鏡の中のご自分がいつもより明るく、はつらつとして見えませんか？　自撮りするとその差は一目瞭然！　職場やママ友の目が気になるかたは無難なベージュ系を選びがち。でも、私たちの年齢だと、肌になじみすぎても疲れて老けて見えるおそれがあるんです。血色アップ効果って、実はチークよりリップのほうが絶大。地味顔やお疲れ顔をチークやファンデでカバーするのは大変ですが、赤リップなら簡単で即効！　また、赤リップは流行によっていろんな色みのものが出ます。透明感のあるタイプならとり入れやすいですよ。

Red Lip Collection

E
ソフトマット系

パキッとした強さのある上品赤。ぼかすとふんわりなじみやすい。カラーティントリップ CT2 600円＋税／セザンヌ化粧品

C
シアーなレッド

透け感のあるテクスチャー。うるおいのある赤リップに。ラスティンググロスリップ RD1 480円＋税／セザンヌ化粧品

A
つやティント

透け感があり浮かない深紅ティント。キャンメイク メルティールミナスルージュ T03 800円＋税／井田ラボラトリーズ

F
ディープレッド

ダークチェリーのような深い赤を発色。ヴィセ リシェ ジューシィ シロップ RD401 1,000円＋税（編集部調べ）／コーセー

D
ベリーレッド

つや感の美しいベリー系。みずみずしい唇に。口紅（詰替用）555 350円＋税、ケース（メタル）300円＋税／ちふれ化粧品

B
ブラウンレッド

インテグレート グレイシィ エレガンスCCルージュ RD525 500円＋税、ケース 400円＋税（ともに編集部調べ）／資生堂

Akiko Yamamoto
Fashion Drill

1,000円以下で

やってみよう

#04

ソックスだけで「コーデがいつも同じ」問題を解決しよう

3足1,000円ソックスで遊んでみる

まさか靴下！がもたらす
劇的変身効果！

Point
3足の
ラインアップは
柄・さし色・
キラキララメで！

キラキララメ　　さし色　　柄

ボーダーソックス3足590円＋税／GU、ラベンダー、茶ソックス各3足1,000円（1足350円）＋税／tutuanna（以上スタイリスト私物）

「おしゃれは足元から」は ソックスでもかなえられる

「おしゃれは足元から」って、よく聞くフレーズですよね。同じ服装でも靴が違うと、全く印象が変わって見える、という意味。たしかにそうだけど、いろんな種類の靴をそろえるなんてムリ。では、ソックスならどうでしょう？ ソックスなら「3足１０００円で買えてコスパがいい」「いろんな種類が簡単にそろう」「ちらっとしか見えないから挑戦しやすい」、といいことずくめ！　まずそろえてほしいのが色・柄・ラメのソックス。ほどよいアクセント力のある3足を手持ちの靴と洋服に合わせてみてください。いつものコーデが約３３３円で変わりますよ！

3足1,000円 ソックスで遊んでみる

こうなれる

#04

「あの人、ソックスまで気をつかってるの!?」な人になれる

靴とそろえた茶ラメ靴下でメリハリと華やぎを

淡い服を茶小物で引き締め。ソックスを靴と同系色にすることで全体に統一感が生まれ、ラメで華やぎもアップ。ソックス／tutu anna、ジャケット／H&M、バッグ／LOUIS VUITTON(以上スタイリスト私物)　シャツ／AMERICAN HOLIC　スカート／MERI　メガネ／Lattice　靴／GU

定番
コーデも
見違える

さし色

春色ソックスとシルバー靴で
普段のデニムが主役コーデに

ラベンダーソックス＋シルバー靴で軽やかな抜けをつくって。ソックス／tu tuanna、デニムパンツ／GU（以上スタイリスト私物）　カーディガン／ TITE in the store（ジオン商事）　タンクトップ／Rocco style.　靴／タラントン by ダイアナ（ダイアナ 銀座本店）

〝ハズし〟が
簡単に
できる

柄

ボーダーソックスとさし色
の靴で足元からキャッチーに

柄＋色な足元の相乗効果でフレンチマリンな着こなしをブラッシュアップ。ソックス／GU、キャスケット／CA4LA、バッグ／ZARA、靴／Gap（以上スタイリスト私物）　カットソー／Gap（Gap新宿フラッグス店）　サロペット／AMERICAN HOLIC　ピアス／LesSignes

「服や靴を買わなきゃ、おしゃれになれない」は思い込み！

ソックスで足元に変化を出すコーディネート、楽しくないですか？　なかでもラメは、意外と浮かずにとり入れやすかったのでは？　いつもと同じ色でもキラキラがあるだけで、華やかさや女性らしさが足せるので大人におすすめです。さし色ソックスは、シンプルコーデを手軽に変えたいときに便利。春はラベンダーがおすすめ！　柄は、遊び感、大人の余裕感がかもし出せます。ドットでもアーガイルでもチェックでも、好きな柄をとり入れてみて。服と色リンクするのもおすすめです。コーディネートって楽しい！という感覚を味わってみてください。

Akiko Yamamoto
Fashion Drill

1,000円以下で

やってみよう
#05

足元から「いい女」になってみよう

派手色のフットネイルをつけてみる

1,000円以内のプチプラネイルでいい女化！

Showy Color Footnail : 01

誰が
見ても
いい女!

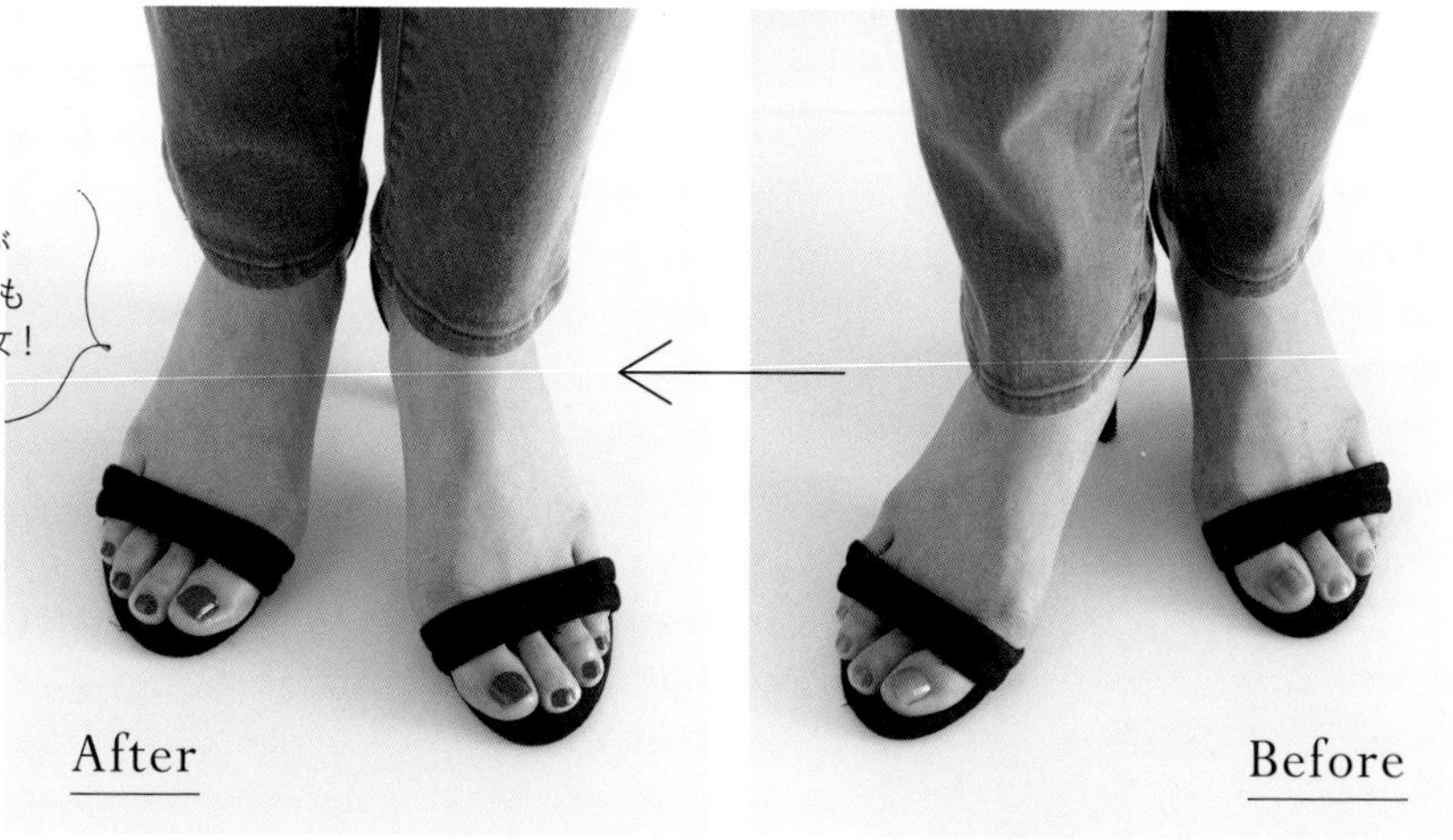

真っ赤!!

赤リップ同様、血色が足せて5歳若く見える

〈右〉ブラウンがかったシックなボルドーで大人っぽく今旬な足元に。キャンメイク カラフルネイルズ N02 360円+税/井田ラボラトリーズ 〈左・人物使用ネイル〉彩度高めの明るいレッド。にごりのない発色でつま先の肌を健康的にトーンアップ。ネイルホリック RD412 300円+税(編集部調べ)/コーセーコスメニエンス パンツ/エルーラ(アダストリア) 靴/H&M(スタイリスト私物)

1,000円
以下

足にもお化粧を♡ 顔色ならぬ
「足色」がぐっとよくなる!

フットネイルって、「足色」がよくなるんです。足色って初めて聞きますよね。実は……私が作った言葉です(笑)。上の写真を見てみてください。足も顔と同じように、色をさすとぐっと華やぎ感が出るんです。私、末端をキレイにしてる人って、自分を大事にしている人だと思うんです。生足を見せることがない寒い季節でも、お風呂の中でキレイ色のフットネイルが塗られたつま先が見えたら、気持ちがアガるはず。フットネイルは究極の自己満足であり、最強の自分癒しアイテム。だからあえて肌色にとけ込まない派手色で、足色と気分を上げてきましょう。

やってみよう #05

派手色のフットネイル をつけてみる

こうなれる

#05

足元もお化粧すれば〝足色〟が変わって自分のいい女ポテンシャルに気づける

☑ Showy Color Footnail : 02

Point
肌色にしっくりなじまない色を選ぶ

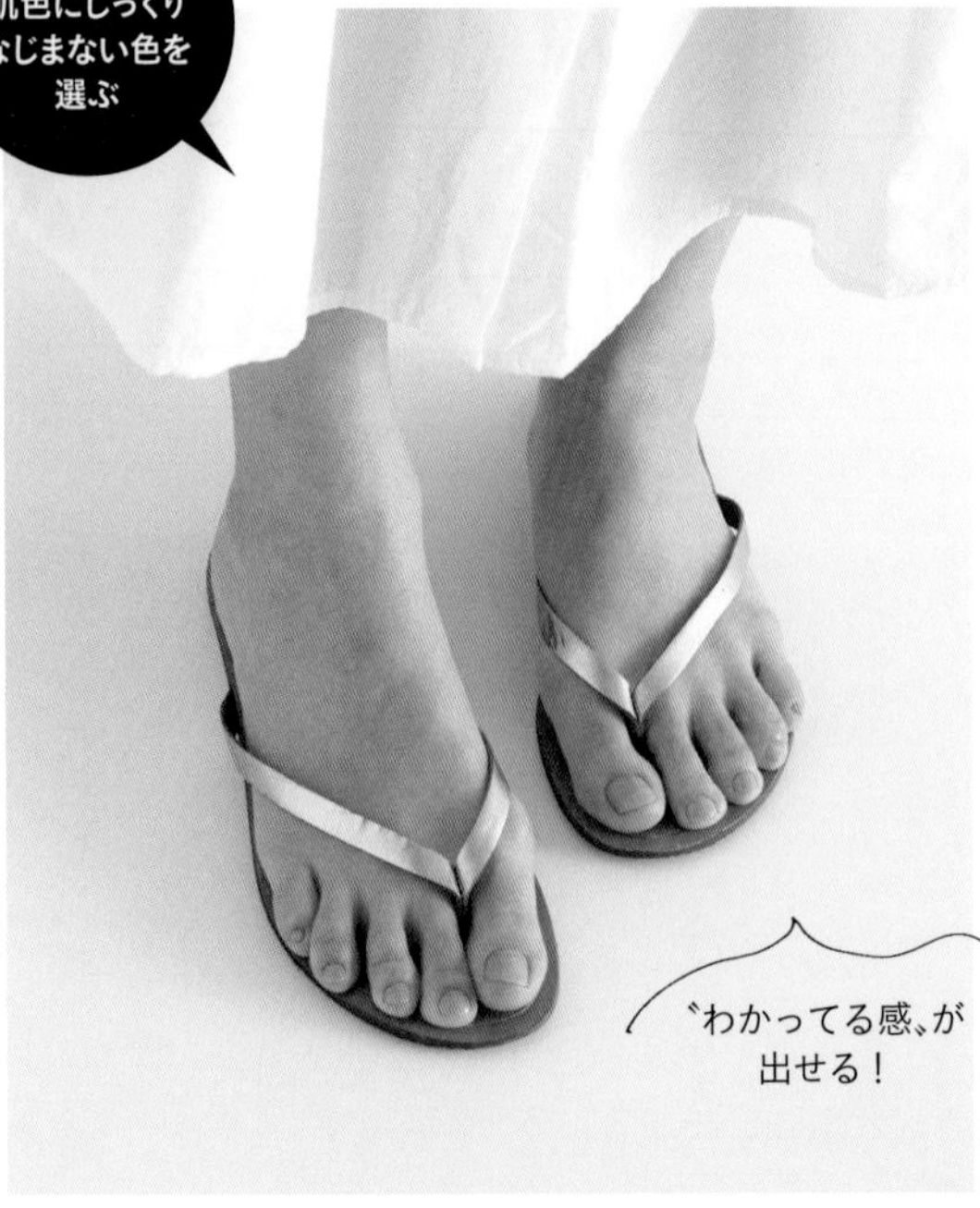

〝わかってる感〟が出せる！

トレンド寒色

クールなくすみ色がおしゃれ度を上げてくれる

〈右・人物使用ネイル〉グレーがかったマニッシュなブルー。デュカート ナチュラルネイルカラー N50 600円＋税／シャンティ　〈左〉レディなカーキ。キャンメイク カラフルネイルズ N26 360円＋税／井田ラボラトリーズ　ワンピース／MERI　靴／J.CREW（スタイリスト私物）

1,000円以下

手元にはむずかしい色で おしゃれ感や女子力を高めて

フットネイルでおすすめしたいのが赤・流行色・柑橘カラー！　お仕事柄手元の色をおさえなくてはいけないかたでも、足元なら派手でもOK。だからこそベージュなどの肌なじみ系ではなく、主張する色でお化粧感を楽しむ！　真っ赤でいい女気分を楽しんだり、トレンドカラーを試したり、フレッシュなビタミンカラーで自分を元気づけたり。はだしになったときの気分がぜんぜん違うはずです。同系色を2～3色、指によって変えてもステキ。そして、オフの日は、サンダルで出かけましょう。新しいおしゃれの扉が開きますよ！

Showy Color Footnail : 03

柑橘系

明るい色のフットネイルは 心を元気づけるビタミン剤

〈右・人物使用ネイル〉青みがかったレモンのようなフレッシュで爽やかなカラー。肌なじみのいい黄味系で浮かず、夏らしい足元に。ネイル エナメル 849 320円＋税／ちふれ化粧品　〈左〉高発色でパキッとしたビビッドなオレンジ。赤みの効果で、鮮やかにつま先を彩りつつ、血色もアップ。スピーディ フィニッシュ 209 600円＋税／リンメル　スカート／AMERICAN HOLIC　靴／Daniella&GEMMA（スタイリスト私物）

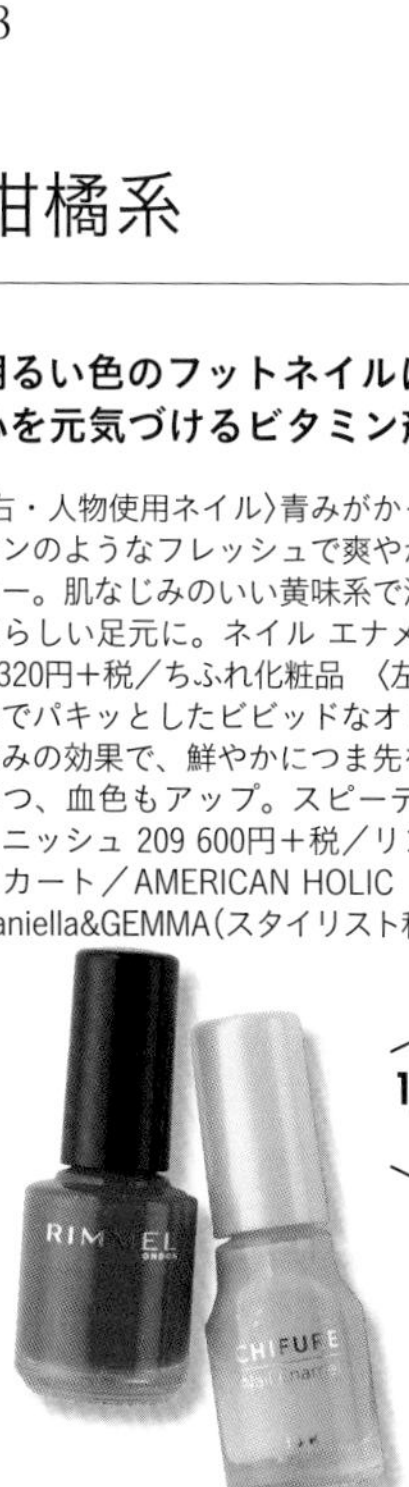

1,000円 以下

Akiko Yamamoto
Fashion Drill

1,000円以下で

やってみよう

#06

手元から「こなれ感」を出そう

手元に 3アイテム以上
アクセを重ねづけしてみる

セット売りリングを使えば テク不要で手元を盛れる！

ここでお知らせしたいのが、「手元アクセは多くつけるほどおしゃれに見える」という法則！　今おしゃれな女性は、手元に指輪を3つ、4つと重ねづけしてるのです。普段はアクセは結婚指輪1つというかたも多いと思いますが、試しに指輪を複数つけてみてください。手持ちのジュエリーでは組み合わせがむずかしいので、まずはプチプラでセット売りされているリングを買って全部つけてみましょう。同じ素材のデザイン違いなどコーデを考えて作られているのでめったにハズしません。とにかく全部、指につけてみる。レッツトライです。

同じ指に
2つつけるのも
おすすめ

リングセット全部づけ

こなれ
オーラ

シンプルな普段服が華やかなお出かけ着に

ゴールドのボリュームリング5個セットを3個＆2個に分けて両手にON。いつもの白シャツもあか抜け度が違います。

Beforeのリング／スタイリスト私物　Afterのリングセット 790円（税込）／GU　シャツ／AMERICAN HOLIC

やってみよう #06

手元に 3アイテム以上 重ねづけしてみる

こうなれる #06

「アクセ使い上手ですね！」と一目置かれるようになる

ゴールド×シルバーMIX

プチプラのリングセットをシャッフルしてコンビ使い

シルバーだけ、ゴールドだけと統一せず、両手にまぜて使うのが旬！　シンプル服でもぐっとこなれておしゃれ上級者に！

リングセット（1.2.3.）各300円＋税／3COINS
Tシャツ／GU

あえての
MIXが今どき！

Point
シンプル＆
ちょっとゴツめが
おしゃれです

バングル追加

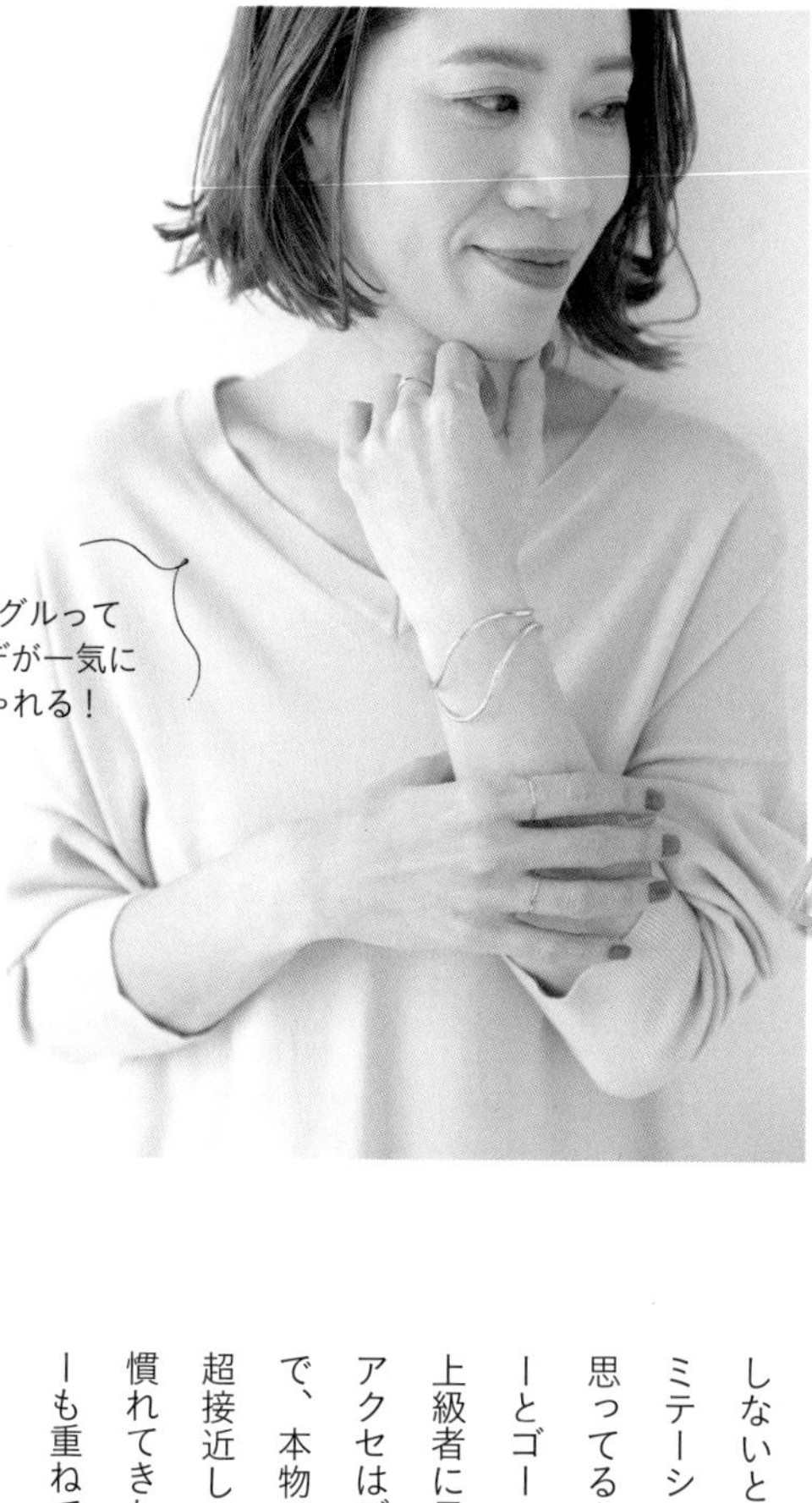

リンクしたバングル使いで
きゃしゃ感と洗練度をアップ

春夏にとり入れたいのがバングルやブレス。薄着になり、あらわになったひじ下にリングと合わせたバングルが映えます。

バングル 300円＋税／Lattice　リング5個セット 300円＋税／3COINS　ニット／エルーラ（アダストリア）

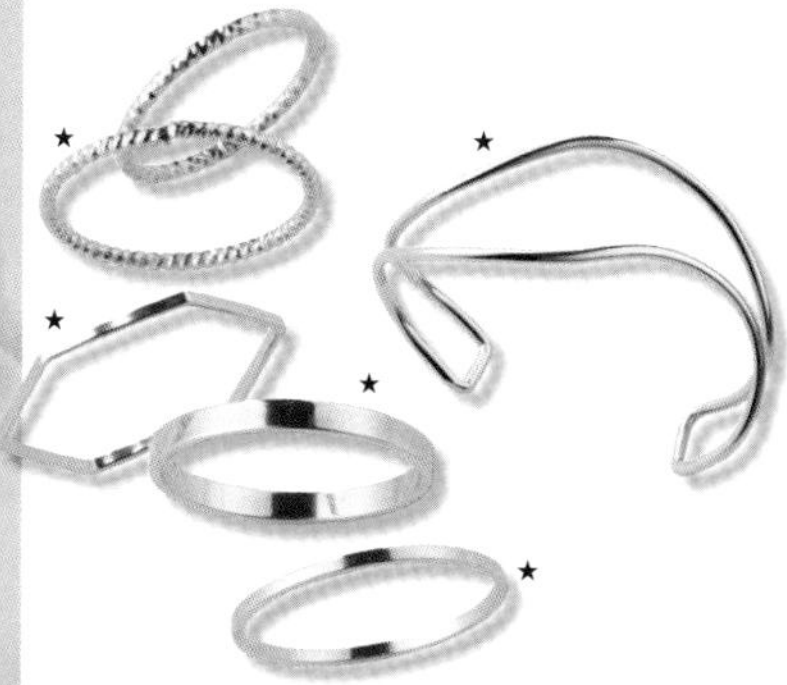

重ね慣れたら手持ちジュエリーとの組み合わせにもトライ！

プチプラリングの大量づけ、意外と簡単だったのでは？　洋服を変えなくても片手にアクセを3個以上つけていれば、それだけで〝おしゃれし慣れてる感〟が出るんです。「金か銀かで統一しないとダメ」「本物ジュエリーとイミテーションはまぜたらいけない」と思ってるかた、心配ご無用！　シルバーとゴールドを組み合わせるとむしろ上級者に見えますし、最近のプチプラアクセはデザインがいいものが多いので、本物かイミテーションかなんて、超接近しないとわかりません！（笑）慣れてきたら、お気に入りのジュエリーも重ねて楽しんでみてください。

Akiko Yamamoto
Fashion Drill

1,000円以下で

やってみよう

#07

手持ちアイテムを見える化しよう

ハンガーの種類を統一する

ハンガー変えたら
おしゃれ力が上がる!

Point
ハンガーといえど
「あ、可愛い！」と
思えるデザインを

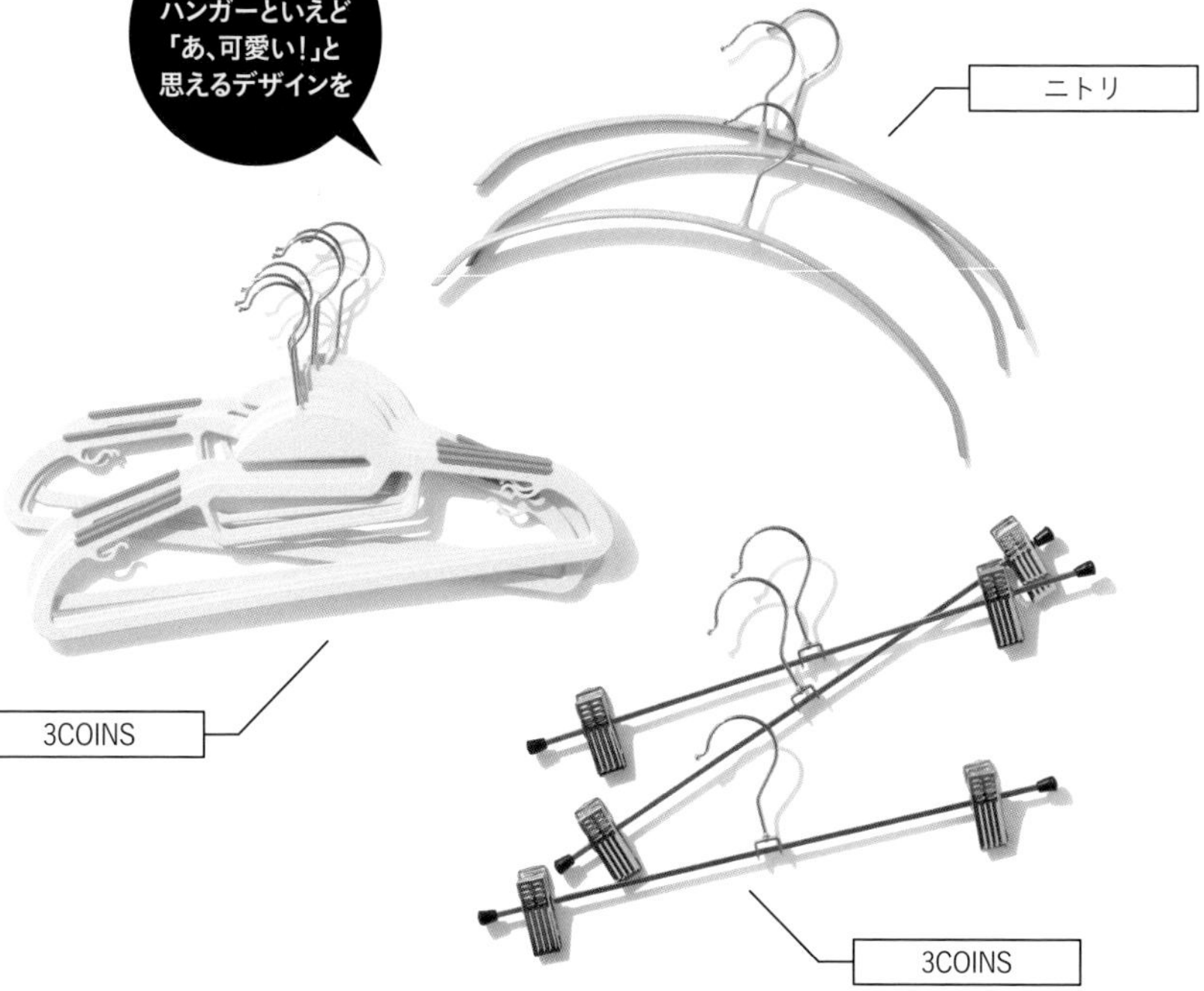

〈上〉ハンガー 3本セット 277円＋税／ニトリ（スタイリスト私物） 〈左〉ハンガー 6本セット 300円＋税、〈下〉スカートハンガー 3本セット 300円＋税／ともに3COINS

おしゃれに自信が持てないのはハンガーのせいかも!?

突然ですが、クローゼットのハンガーって、どんなの使ってますか？　ショップやクリーニング店でもらったプラスチックのものをあれこれ使ってませんか？　実はそのハンガーが、おしゃれのモチベーションを下げてるのです〜！　ハンガーがバラバラだとクローゼットがごちゃついて見えるうえ、もらいもののハンガーって厚めだから収納力もダウン。服を探すことにムダに脳みそを使って、コーデまで気が回らなくなるのです。だから、まず、ハンガーをそろえましょう！　100均のハンガーでいいので、色や素材をそろえることが大事。服の見え方が変わり、おしゃれ意欲がわいてくるはず！

やってみよう #07

ハンガーの種類を統一する

Before

あ……
手前の服だけ
リピート
あの服
どこ行った!?

こうなれる

#07

クローゼットが美しくなると、おしゃれ意欲がわいてくる

着たい服が瞬時に見つかって朝の身支度の時短に

薄手ニットから地厚なアウターまでクローゼットにはさまざまな服が入っているので、ハンガーは無理に1種類に統一しようとせず、色や素材をそろえればOK。すべらないもの、肩がくずれないもの、首がのびないものなど、アイ

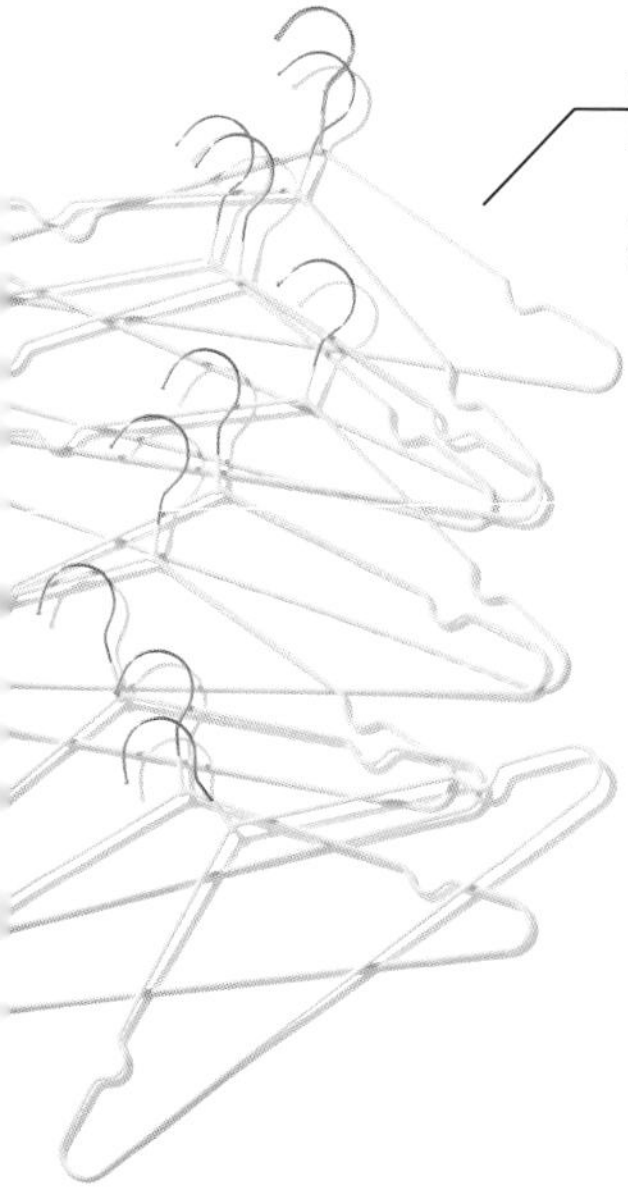

Seria

ハンガー4本セット　各100円＋税(10本使用)／Seria(スタイリスト私物)

After

Point

- ☑ 手持ち服の偏りを把握できる
- ☑ 買い物プランが立てやすい
- ☑ 収納量が上がる
- ☑ 「ていねいな暮らし」がかなう

丈の長さと色で分けるとよりスッキリ！

テムに合わせて数種類を使い分けましょう。白やシルバーなど色がそろっていさえすれば見た目もすっきりし、クローゼットも頭の中も自然と整理されます。手持ちの服の傾向もわかるので買い物プランが立てやすく、毎朝、服を選ぶのも格段にスムーズに。さらに肩部分が薄いハンガーを多めにすれば、省スペース化もでき、とり出すのもラクちんです。

1,000円以下で

やってみよう

#08

アクセサリーも見える化しよう

クリアな収納グッズで
つける部位ごとに
まとめてみる

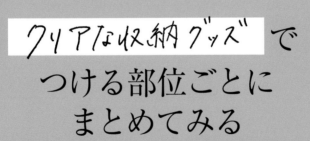

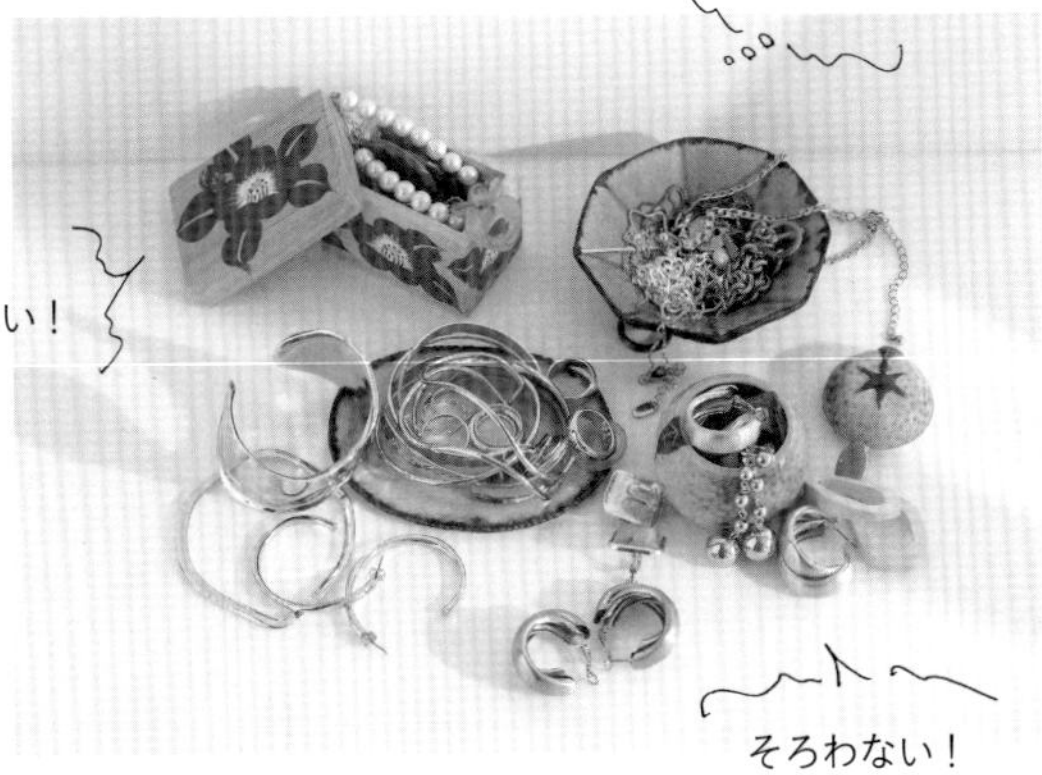

おしゃれのカギとなるアクセを
ないがしろにせず、整理&可視化

クローゼット以上にごちゃつきがちなのが、そう、アクセの収納です。ネックレスはからまり放題、ピアスはそろってるもののほうが少なく、指輪はあっちこっちに置き忘れ……。朝の身支度では、アクセサリー選びはたいてい出かける直前。目当てのものが探し出せずに「もう！　いいや！」と、何もつけずに出かけちゃったこと、私も一度や二度じゃありません（笑）　やってみよう#01、06で、アクセ使いがいかに大事かを理解した今こそ、アクセの整理と「見える化」を！　クリアな収納グッズを組み合わせてMYアクセサリーコーナーをつくってみましょう。

あ〜〜もう
時間ないから
何もつけずに
出かけよう

……ってなってませんか？

やってみよう #08

クリアな収納グッズでつける部位ごとにまとめてみる

こうなれる

#08

探す面倒くささから解放され、アクセサリーをつけたくなる

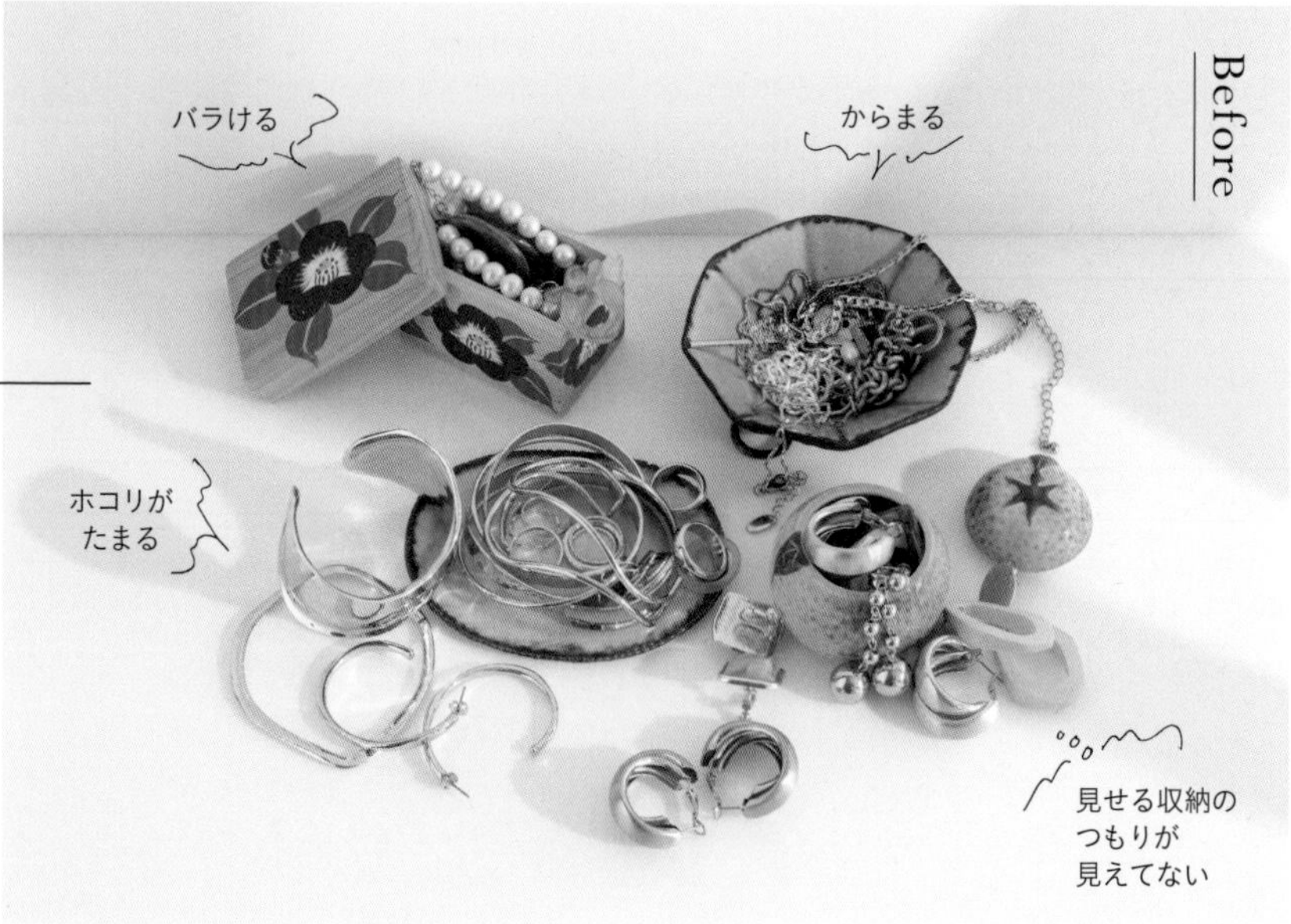
Before
バラける
からまる
ホコリがたまる
見せる収納のつもりが見えてない

〔Before〕小皿や木箱／スタイリスト私物　〔After〕〈上〉ネックレスラック 1個 100円＋税／Can Do、〈右下〉収納ボックス 2個セット 100円＋税、〈左下〉3段収納ボックス　200円＋税、3段収納ボックスの中に入れた仕切り、チャックつき収納袋　各100円＋税／以上DAISO（以上スタイリスト私物）

コーディネートに専念できて アクセ使いのスキルがアップ

アクセってステキなボックスなどに飾りたくなりますが、多少そっけなくてもアクリル素材などの透明の収納グッズを使い、アイテム別にまとめるのがおすすめです。小さなリングやピアスでも見えやすいので「とり出して確かめる」という手間を省いてコーデでき、時短にも。ネックレスはつり棚、リングは専用の仕切りがセットできる引き出し式のボックスへ。ピアスはチャックつきのポリ製の収納袋に1ペアずつ収納。「からまってる!」「片方がない!」なんてこともなくなります。より使いやすいように、自分でカスタマイズしていきましょう。

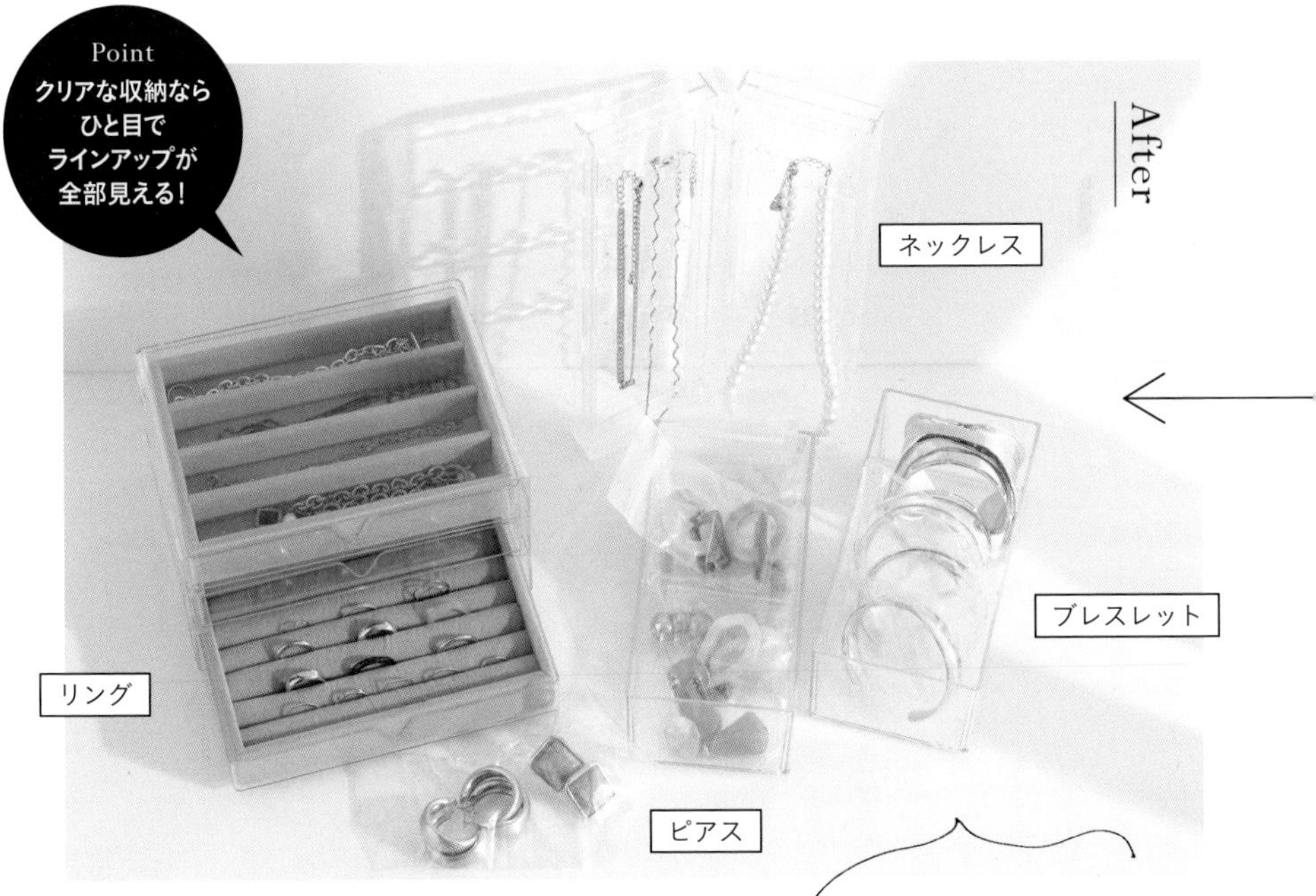

クリアな収納なら
ひと目で
ラインアップが
全部見える!
After

コーディネート欲も
わいてくる!

Point

- ☑ ファスナーつきポリ袋でセットで保管
- ☑ つるす収納ならからまない

ブレスレット

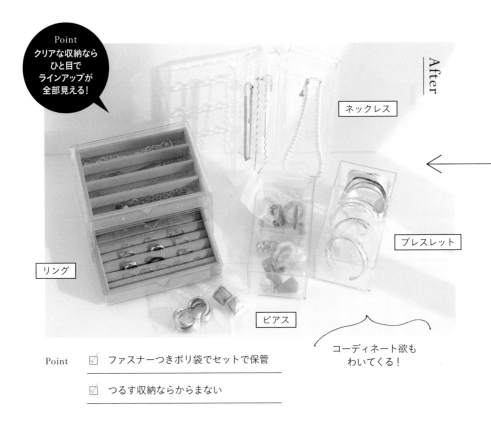

Akiko Yamamoto
Fashion Drill

手持ち服で

やってみよう

#09

家にある白Tを
おしゃれに着てみよう

袖・裾を
工夫して着くずしてみる

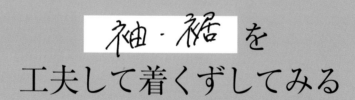

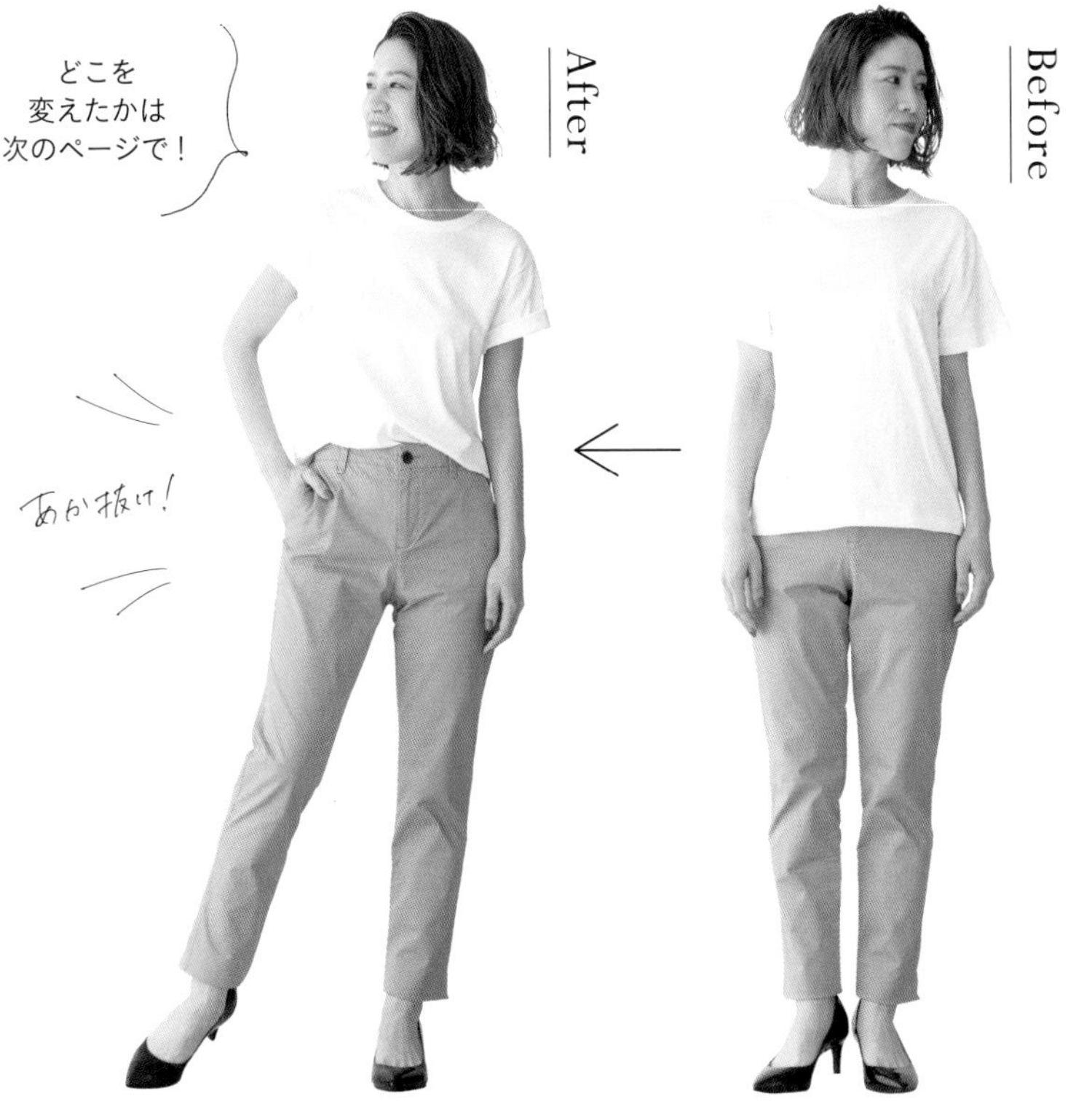
Before
After
どこを
変えたかは
次のページで！
あか抜け！

「Tシャツなのにおしゃれな人」は着こなしに手をかけている！

突然ですが、白Tシャツっていつもどう着てますか？　Tシャツに着方があるの？と思うかもしれません。でも実はおしゃれな人は、白Tのようななんでもないアイテムも、ただ着るのではなく〝着こなす〟工夫をしてるのです。裾をまくったり、袖をボトムにINしたり。自分に似合うようちょこっと「手をかける」。それだけで同じ服とは思えないほどおしゃれに見違えるのです。たとえば上の写真、服は同じなのに、左のほうが断然おしゃれに見えませんか？　これが着こなしマジックなのです！　着慣れた白Tシャツでその変化を体験してみましょう。

袖・裾を工夫して着くずしてみる

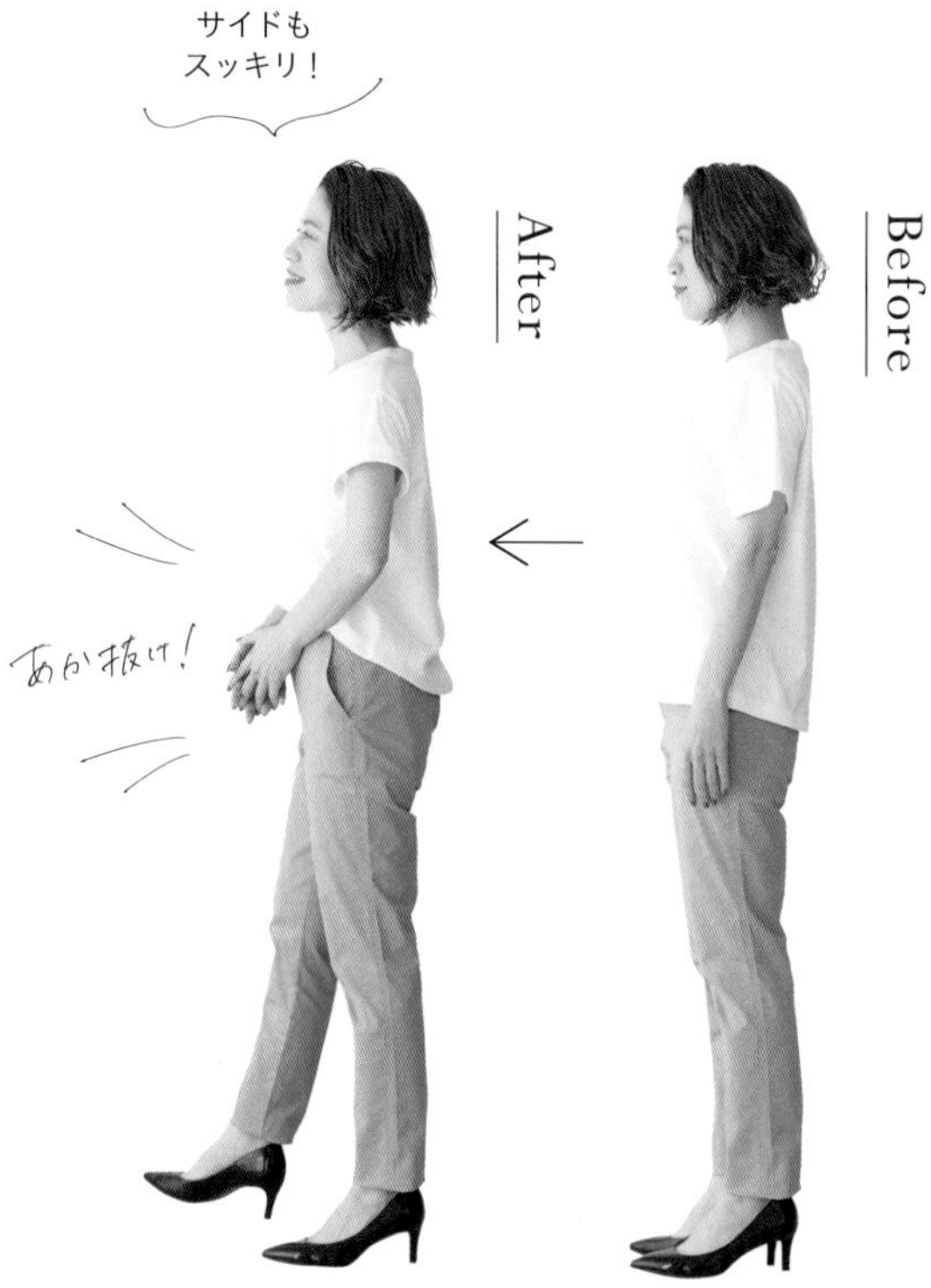

こうなれる

#09

体操着見えから脱却!!
こなれたTシャツコーデに即なれる

おしゃれさ、女性らしさ、スタイルアップもねらえる！

ともすると、子どもの体操着みたいになりがちな白Tシャツ。左ページのように袖をまくり、前裾をINするだけで、きれいめカジュアルに激変！ 特に前だけINは、腰高にマークしつつ、ヒップはカバーできる素晴らしいワザ。こなれて見えるだけでなく、脚長効果が得られます。Tシャツは下着選びも超重要。下着が透けて見えるとTシャツのヘルシー感が損なわれてしまいます。白Tに白い下着を着ると浮き出るので、ベージュやモカなどの肌に近い色を選ぶのが正解。レーシィな素材は表面に響くので避け、表面がツルッとなめらかなものを選びましょう。

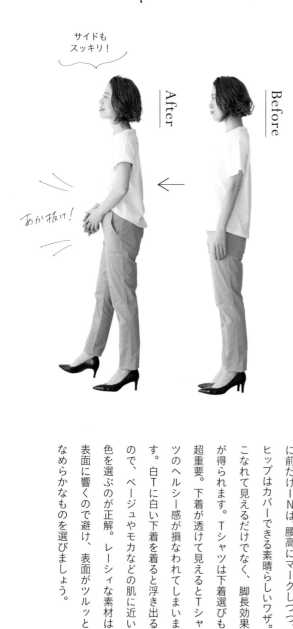

袖をロールアップ

Point
まずは家の中でトライしてみて

袖口は2回折り返して整えるとフレンチスリーブのような女性らしいフォルムに。袖に立体感のあるふくらみができるうえ、腕に対して袖口が斜めになるため、二の腕がほっそり見えます。

裾を前だけIN

ベルト通しの
間をINする

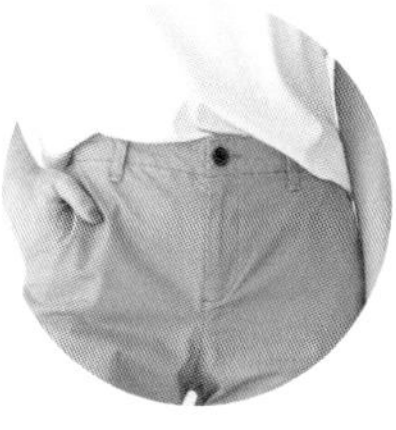

前裾を入れる幅は、ベルト通しの左右のループからループまで。ループがないボトムは、おへそを中心にして左右10cmが目安。INしたら少し引き出してたるませましょう。

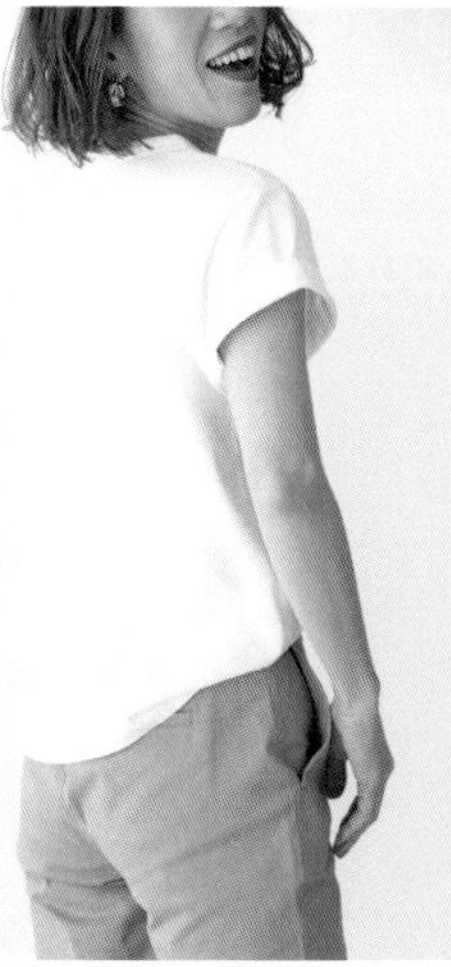

Tシャツ／GU　パンツ／Gap(Gap新宿フラッグス店)　ピアス／LesSignes　靴／GU

Akiko Yamamoto
Fashion Drill

手持ち服で

やってみよう

#10

手持ちの白シャツを着てみよう

首・手首とウエストを
見せてみる

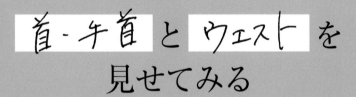

Before
After
どこを
変えたかは
次のページで！
あか抜け！

きちんと着すぎずに衿や袖から肌を見せ、抜け感を出して

では次は白シャツです！　誰もが憧れるのが、なんでもない白シャツとデニムをカッコよく着ること。白シャツって、きちんと感があるアイテムなので、まんま着るとマジメでお堅い印象になってしまうのです。ですので、覚えておいていただきたいのが、まんま着ないこと！　ほどよくくずして抜け感を出すのが、上手に〝着こなす〟最大のポイント。女性らしさを出すためにも、袖をまくり上げたり、前ボタンをあけて衿を抜いたりして、適度に肌を見せることを意識しましょう。また、裾はINしてウエストマークを。女度が一気に上がりますよ。

首・手首と ウエストを見せてみる

衿を立てる

首
Neck

衿を立てる際は、ボタンを2つあけて。やわらかい素材は形が決まりにくいので、パリッとした綿麻やワイヤー入りがおすすめ。

こうなれる

#10

「白シャツ＋ブルーデニムパンツをいい女っぽく着たい願望」がかなう!!

衿や袖でルーズ感を出しつつ、裾はINしてメリハリ美ボディに

衿を立てる、抜く、袖をまくる、裾をINする、白シャツには着方のバリエーションがたくさん！　組み合わせて着ると、おしゃれの経験値がハンパなく高く見えます。衿を立てると顔まわりがシャープに見え、抜くと肩の力の抜けたリラックス感が出せます。ただ、抜きすぎるとだらしなくなるので、背中が見えないよう前だけ裾をINしてずり落ちをガードしましょう。また、衿元からちらりとのぞく可能性が高いので、肌着感の強いベージュのインナーは避けること。万が一、見えてもヘルシー感が保てる、グレーのシンプルなものがおすすめです。

手首
Wrist

袖をくしゃっとまくる

3 ← 2 ← 1

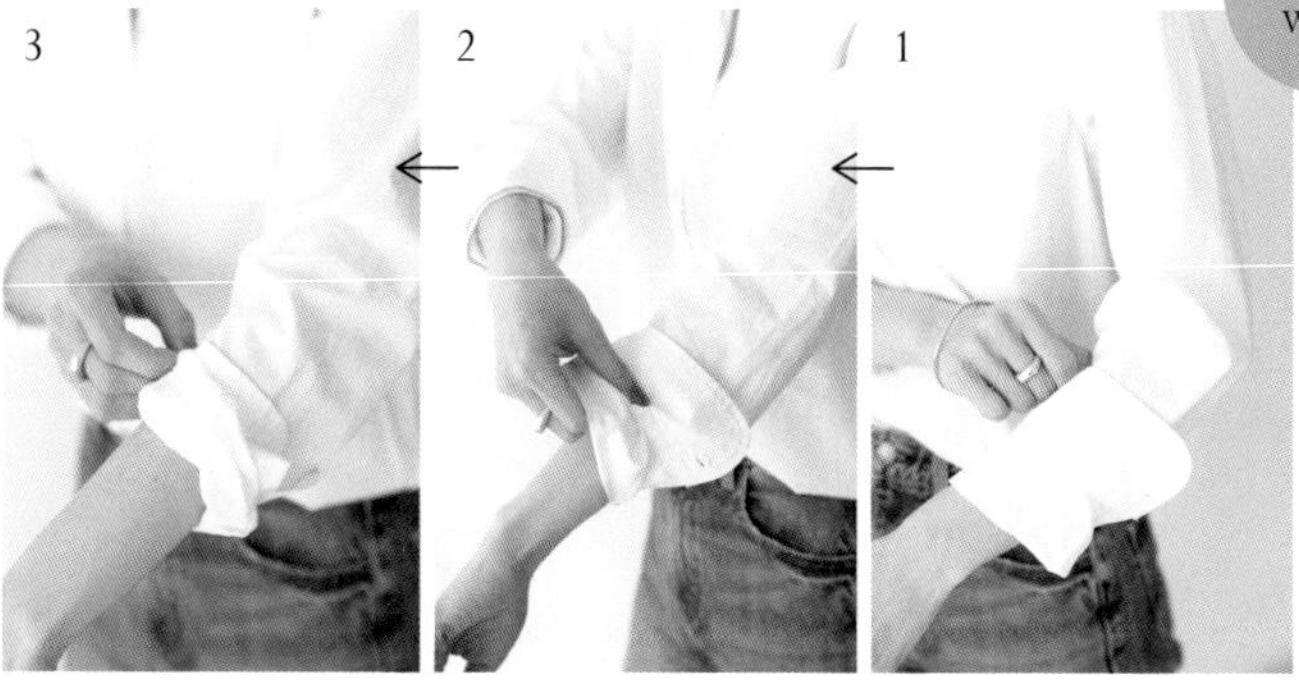

1.袖をカフス幅の倍の長さまで折り返す。2. カフスのエッジが見えるよう、もう1回折り返してカフスにかぶせる。3. 2.をくずしてラフ感を出したら完成。

衿
Collar

衿を抜く

ボタンを3つあけ、前すそだけINして固定。抜きすぎるとだらしなく見えるので、谷間も背中も見えない位置に調整します。

衿を抜くときは
前だけINで！

ウエスト
Waist

裾をINする

全部INなら、自然なブラウジングにするため裾を入れたら1回バンザイを。前だけINは、左右のベルトループの幅だけ入れて。

Point
前だけINして
お尻をカバー

シャツ／無印良品(無印良品 銀座)　デニムパンツ、靴／ともにGU、リング(以上スタイリスト私物)　ピアス／3COINS　バングル／Lattice

Column 01

「そのまま着ない」がかもし出す〝なんかわかってる感〟

ジャケットや白シャツなどの正統派な服は、着方をラフにくずしましょう。
まんま着るより、ずっとおしゃれに見えます。

ジャケットを肩がけする

メンズライクな黒ジャケットはきちんと着るとお仕事モードに見えがち。肩がけでラフに着くずせば、即おしゃれ上級者に。ロゴTシャツでカジュアル感を出して。

ジャケット／TITE in the store(ジオン商事) Tシャツ、パンツ／ともにRocco style.　ネックレス／JUICY ROCK　バングル／3COINS　リング／スタイリスト私物

シャツ／GU　Tシャツ／無印良品（無印良品 銀座）　スカート／AMERICAN HOLIC　ピアス／3COINS　靴／ZARA、バングル／ともにスタイリスト私物

白シャツを腰に巻く

白シャツをウエストに巻くだけで、腰位置が高く見えて脚長に。ダークトーンのワンツーコーデに白が映え、抜け感のある装いに。前にたらした袖の縦ライン効果で着やせにも。

シャツやジャケットって、きちんと腕を通すのがデフォルトと思っていませんか？　あえて、「着ない」っていうテが、あるんです。このテを使うと、コーデのバリエが一気に増え、「わかってる感」が簡単に出せますよ。まずやってみてほしいのが白シャツの腰巻き。絶妙なアクセントになるんです。次はジャケットの肩がけ。ただ肩に移動しただけで、驚くほど映える！　これも「着こなし」の工夫の一つ。「私にはおしゃれすぎる」って思ったかた、もし、まわりに冷やかされたら「寒くなったら着ようと思って」「じゃまだから」と答えましょう(笑)　最初は気恥ずかしくても、3回目くらいにはさらりと着こなせるようになります。

やってみよう
#11

スカーフをおしゃれに使ってみよう

首以外のところに活用する

たんすの肥やしで
コーデを格上げ

昔買って引き出しに
しまったまま……の
スカーフ、おうちに絶対
ありますよね！

首に巻くのは逆にハイレベル！
はずして使うと簡単におしゃれに

誰しも何枚かは持っているスカーフ。けれどしまい込んだままなかたも多いのでは？　スカーフって上質なシルクだったり、お高いハイブランドだったり、使わないなんてもったいない！　ただ首に巻くと、カジュアル服に似合わせるのはむずかしい。鏡の前でつけたりはずしたり、結局またしまい込む……そんな「スカーフが苦手症候群」なかたに朗報！　スカーフって、頑張って首に巻かなくてもいいんです。ほかにおしゃれに使うテがたくさんあるんです！　まずは、家じゅうのスカーフを全部引っぱり出しましょう。洋服にはなかなかない、きれいな柄や色、素材が眠ってるはずです。

うちは
あります！！！

首以外のところに活用する

こうなれる #11

持ってるものをフル活用して「私、やるじゃん♡」と実感できる

たんすの肥やしから一転、全身おしゃれの立役者に

まずは、ぐるぐるねじって、ベルトにしてみましょう。スカーフの華やかな柄がシンプルコーデのアクセントになってくれます。次はヘアアクセとして頭に巻いてみて。とりあえず家でこっそり！　メイクもしっかりめにすると、ハマりますよ。端をたらすとバニーちゃんみたくなるので、必ず入れ込んでください。バッグの持ち手に巻いて、アクセントカラーにしてもステキです。プチプラバッグをちょっとお高めに見せる効果も♡　スカーフには、合わせたアイテムをイメチェンする力もあるんです。活用しないテはないですよ！

☑ How to use a scarf : 01

スカーフ(88×88cm)/Three Four Time(ジオン商事) デニムパンツ/Gap(Gap新宿フラッグス店) イヤリング/3COINS バングル/JUICY ROCK ニット/Gap、靴/PELLICO(ともにスタイリスト私物)

端は巻き込んで
隠すとすっきり
上品に

ベルトにする

鮮やかな色柄を選んでアクセントに

薄くしなやかな素材ならロングスカーフでもOK。正方形の場合は対角線の角を内側に折り込んで細くし、ベルトループに通して正面でかた結びに。端はたらさず、巻き込んで。

やってみよう #11

首以外のところに活用する

How to use a scarf : 02

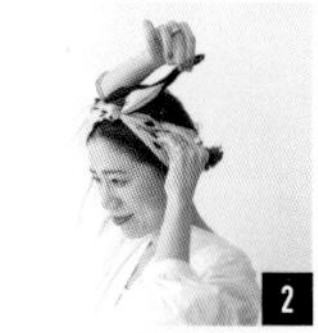

1.対角線の角を内側に折り込んだ正方形のスカーフを耳が半分以上隠れるように頭に巻き、おでこの上でぎゅっとかた結びする。2.両端を巻きつけたスカーフの内側に入れ込んで隠す。

スカーフ(68×68cm)／Rocco style.　ワンピース／MERI　パンツ／AMERICAN HOLIC　ピアス／3COINS　バングル／Lattice　タンクトップ／Plage、靴／Daniella&GEMMA、リング(以上スタイリスト私物)

頭に巻く

着こなしイメージががらっと変わる上級テク

コツはスカーフを幅広めに折ってふんわり感を出すこと。細くたたみすぎるとヘアバンドやハチマキみたいになってしまうので、必ず太めに!がポイント。ヘアも無造作にまとめて。

Point
シンプルな
バッグを
主役に格上げ

☑ How to use a scarf : 03

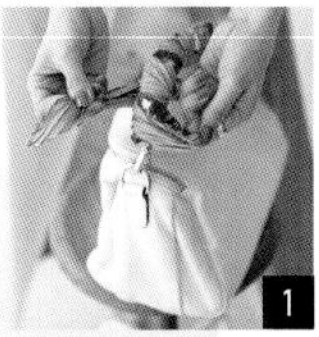

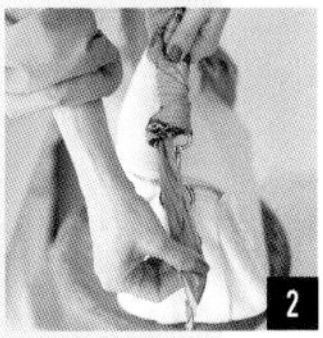

1.持ち手の片端にスカーフの端をひと結びし、くるくると持ち手全体に巻きつけていく。2.反対側まで巻き終えたらスカーフの端をひと結びして固定する。

スカーフ(52×100cm)、ネックレス／ともにRocco style. コート／PLST Tシャツ／Gap(Gap新宿フラッグス店) パンツ／UNIQLO 靴／WA ORiental TRaffic(ダブルエー) リング、バッグ／ともにスタイリスト私物

バッグに巻く

シンプルファッションがグッと華やかにイメチェン

無難な無地バッグも持ち手に巻きつけるだけで主役な存在感に。大きさが足りなければ持ち手に結ぶだけでもOK。ワンショルダーやハンドバッグに自由にあしらってみて。

Akiko Yamamoto
Fashion Drill

やってみよう

#12

デニムパンツをおしゃれに着てみよう

甲の出る靴を
合わせる

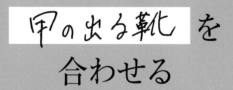

こうなれる

#12

肩の力が抜けた あか抜け美人になれる

Point

きゃしゃなデザインなら間違いない！

脱スニーカーがおしゃれデニムへの第一歩

ブルーデニムも誰もが持ってる超定番なアイテム。でもデニムをはくとどうしても野暮ったくなるというかた、少なくないと思います。実はその原因、足元にあるんです！　無意識にスニーカーを合わせてませんか？　デニム×スニーカーって実は難易度が最も高い組み合わせ！　逆にこれをかっこよく着こなす方が至難のワザと言っても過言ではありません。スニーカーをやめて、ラクしておしゃれに見える足元を選びましょう。ポイントは足の甲を出すこと。パンプスやサンダルなどを合わせてみて！　瞬時に「ラフなのになんかいい女」になれちゃいますよ。

甲の出る靴を合わせる

相反するものと合わせてデニムのおしゃれ感を爆上げ

デニムはラフでカジュアルなアイテム。だからといって靴もラフでカジュアルである必要はありません。あえて、逆のテイスト、フェミニンできれいめな靴を合わせたほうが、格段にあか抜けて見えるんです。パンプスやサンダル、バレエシューズ、ローファーでもOKです。足の甲がちらっと見えれば、抜け感が出て、こなれたおしゃれさんに見違えます。洋服でも相反するテイストを合わせれば、よりおしゃれ上級者に。ガーリーなトップスやきれいめなジャケットなどでテイストミックスを意識しましょう。

ヒールパンプス

まずは
低めヒール
から！

ヒール＆ジャケットで
大人度もおしゃれ度も格上げ

ヌーディパンプスなら脚長効果と肌見せ感のいいとこどり。きれいめカジュアルが即完成。

靴／WA ORiental TRaffic（ダブルエー）、デニムパンツ／GU、バッグ／MAISON BOINET、ジャケット／H&M（以上スタイリスト私物） Tシャツ／GU ベルトにしたスカーフ、ネックレス／ともにRocco style.

バレエシューズ

カラーや
メタリック、
アニマル柄を

シャイニーなバレエ靴で 甘さとエッジさを添えて

バレエ靴なら歩きやすいという実用的なメリットも。ドット柄トップスで大人可愛い印象に。

靴／Casselini（キャセリーニ）、デニムパンツ／GU（スタイリスト私物）　ブラウス／TITE in the store、バッグ／Three Four Time（ともにジオン商事）　サングラス／Lattice　ピアス、バングル／ともにJUICY ROCK

赤サンダル

赤も
サンダルなら
浮かない

定番色のカジュアルに きゃしゃ感のある赤をひとさじ

デニムと赤い靴は相性抜群。肌見せ率の高いきゃしゃサンダルで抜け感と女らしさを。

靴、デニムパンツ／ともにGU、キャスケット／Casselini、バッグ／HALIN（以上スタイリスト私物）　シャツ／AMERICAN HOLIC　ニット／PLST　イヤリング／3COINS

Column 02

「カジュアル服にはカジュアル靴」という
思い込みをとっ払おう

前ページで説明した「相反する組み合わせ」の応用編。
ボトムを入れかえれば瞬殺でイケてる着こなしに！

デニムパンツだから
スニーカー
でしょ？

パンツ／スタイリスト
私物

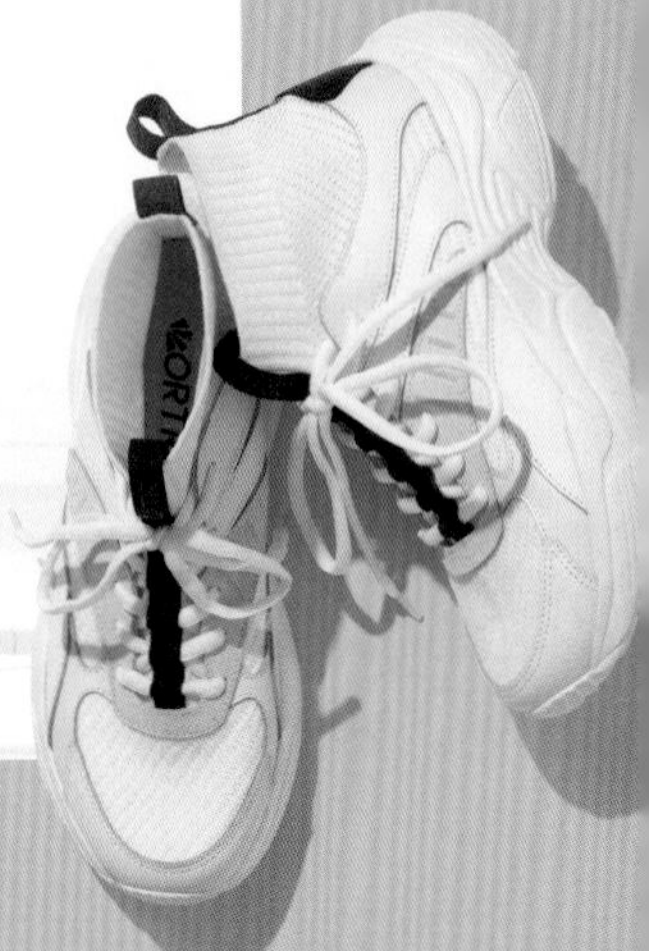

やってみよう#12でご説明したように、スニーカーとブルーデニムって、実はいちばんハイレベルなコーディネート。ジャパン体形にはむずかしすぎます！　白のスニーカーは頑張ってデニムで着こなそうとせずに、ボトムだけ、ふんわりスカートに入れかえてみましょう。ハイ、決まった～！　スニーカーはスポーティーなアイテムなのでブルーデニムと合わせるとカジュアル感が加速し「運動靴」に見えてしまいます。でも、スカートと合わせれば、軽やかでハズし感のある「おしゃれ靴」に早変わり。パーカもバッグもそのままで、かえたのはボトムだけ。これぞ、相反するテイストで互いに引き立つ好例です。

スニーカーを
はくなら
スカートのほうが
断然おしゃれ！

スニーカー／ORTR（ダブルエー）　スカート／MERI　プルオーバー／GU　インに着たカットソー／PLST　バッグ／AMERICAN HOLIC

山本あきこより

Akiko Yamamoto
Fashion Drill

入門編

— PRIMER —

を終えたあなたへ

1日目の自撮りと今日の自撮りを
見比べてみてください。
めちゃくちゃ可愛くなってますよね!
(見なくてもわかりますよ!)
よく頑張りましたぁ!! パチパチ
明日からもっともっと
おしゃれに変わりますよ!

いかがでしたか？　いろんな変化があったのでは？　まずは、頑張った自分をほめてあげてくださいね！　入門編は、自分が〝自分を楽しむ〟ための練習。毎日に小さな波風を立てまくってもらいました。＃03では、ちらっと鏡に映った自分の顔がイケてる！って思ったり、＃05では、つま先がキレイでイイじゃーん！と気持ちが上がったのでは？　自己満上等♡　今は誰にも気づかれなくていいんです！　迷惑もかけず、お金もかけず、毎日ご機嫌になれるって、最高♡　〝ご機嫌〟を記録した自撮りフォルダを、どんどん見返してうっとりしてくださいね！

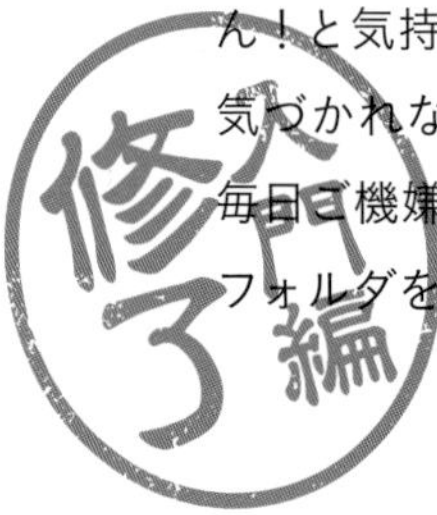

Akiko Yamamoto
Fashion Drill

中級編

—— INTERMEDIATE ——

#13〜15

いろんな色を着てみよう

まわりの色を
ヒントに

着たこと
ない色

グラデ配色

Akiko Yamamoto
Fashion Drill

中級編 では…

— INTERMEDIATE —

「着てみたい」を実現する

自分の「好き」を自分に着せてあげる

「私には着られない」
はお休みして
「どうしたら着られるかな？」を
考えよう！

さぁ、絶好調のまま中級編に進みましょう！　色をテーマに、
自分の「好き！」という気持ちをどんどん深掘りしてもらいます。
似合う、似合わない、は気にしないで〜〜!!
「似合う」を知るのもいいけど、「似合う」だけに縛られては
もったいない!!　それに、「似合う」って人からの視点。
「似合う」ものを着ても自分の「好き」が入っていないと、
楽しめない！　これまでの自撮り画像を見て、
「あ、これ好き！」って色、あったのでは？
色はいちばんわかりやすく外見を変えてくれます。
「これステキ！」と思える色や配色を、がしがし着てみましょう！

まわりの色をヒントに

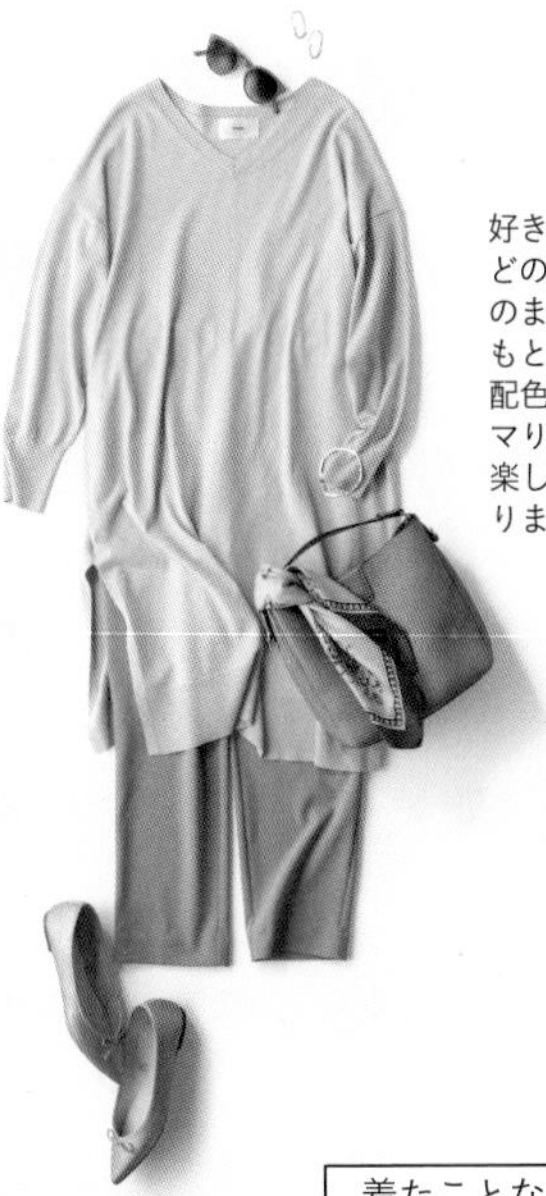

好きな花やお菓子などの可愛い配色をそのままマネてみます。もともとがステキな配色だから難なくハマり、色を着こなす楽しいレッスンになります。

たとえば ガリガリ君の 配色をヒントに する！

着たことない色

全身の どこか1カ所に とり入れて みる

好き！　でも、着たことないなって色を着てみるレッスン。まずは、全身の５カ所のうち１カ所だけとり入れてみます。

土台色

全身グレーでも ネズミ女に ならないコツが ある！

イケてる人たちがこぞって着ている「グラデコーデ」。失敗すると、ただ地味なだけだけど、絶対に成功する秘訣を伝授します！

Akiko Yamamoto
Fashion Drill

やってみよう

#13

きれい色を着てみよう

がりがり君　クリームソーダ
あじさい　ひまわり
アポロチョコの
配色をまねてみる

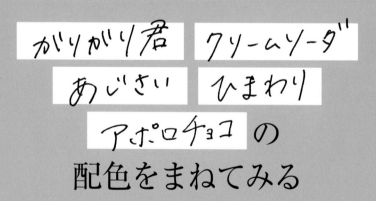

身近にある
可愛いものの配色を
まねてみて！

クリームソーダ

ガリガリ君

コーディネートのマンネリ化は「定番色しか着ない」のが原因

「マンネリぎみな着こなしをなんとかしたい！」って思っているかた、最近きれい色の服、着ましたか？ 合わせを考えるのが面倒で、グレー、紺、黒、茶、ベージュの服ばかりヘビロテ、気づけばクローゼットの中は定番色の服ばかり……なんてことになってませんか？ そりゃマンネリもしますよね（涙） もうひとつ、大人がハマりがちなのが、色ものは若づくりっぽく悪目立ちしてしまうから避けたほうがいいという思い込み。色に年齢制限はないんです！ 自分のまわりにある色に目を向けて、その配色をコーデにとり入れてみましょう。

アポロチョコ

ひまわり

あじさい

やってみよう #13

がりがり君　クリームソーダ　あじさい
ひまわり　アポロチョコ　の配色をまねてみる

こうなれる
#13

「色」への **苦手意識がなくなる！** どんな色も **着られるようになる！**

好きな配色を「どう着るか」考えることがおしゃれの脳トレに

たとえば、あじさい。「パープル×グリーン」とだけ聞くと、派手！と思うかも。でもあじさいの色合いって可愛いですよね？　その可愛さをコーデにとり入れたら可愛くならないわけがない♡　配色にNGはないし、着てはいけない色の服なんて、ないんです！　ほかにもお菓子や文房具、キャラクターなど、まわりにはステキな配色のお手本があふれています。可愛い！と思った色の組み合わせを参考にして、コーデに再現できるか片っ端から試してみて。配色を自分で考えてアプローチする、脳トレになりますよ。

Point
ステキな配色サンプルの収集を

ソーダ味
サイコー♡

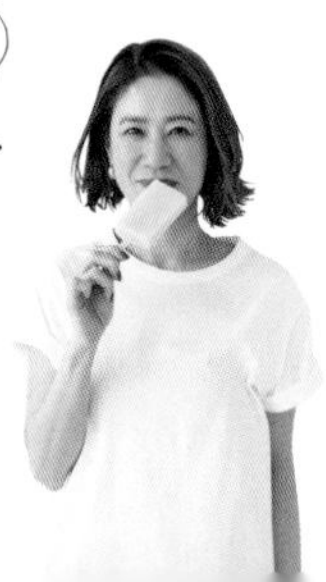

ガリガリ君コーデ

ベージュはバーの
色をイメージ(笑)

シックでエレガントな大人のための愛され配色

大人気のアイス・ガリガリ君ソーダ味にインスパイアされた(笑)、アイシーブルーとベージュの配色コーデ。爽やかでやさしいトーンが好感度絶大！　定番色のベージュカラーも爽やかなブルーのパンツを合わせることで一気におしゃれに！　全体のトーンもガリガリ君を忠実に再現し、メインカラーだけでなく、バーの色など、サブカラーも一緒にとり入れるのがコツ。

チュニック、パンツ／ともにエルーラ(アダストリア)　サングラス、バングル／ともにLattice　スカーフ／AMERICAN HOLIC　ピアス／JUICY ROCK　バッグ／Rocco style.　靴／GU(スタイリスト私物)

がりがり君 クリームソーダ あじさい ひまわり アポロチョコ の配色をまねてみる

クリームソーダコーデ

**淡いトーンにピリッと赤を
さしたトリプル配色**

３色コーデはハイレベルに思えますが、オフ白に赤と淡いグリーン、反対色の２色をさしていると考えれば簡単。さし色のどちらかを淡いトーンにし、淡いほうを多く、強い色のほうは少なくすると品よく仕上がります。

Tシャツ、バッグ／ともにGU　パンツ／UNIQLO　メガネ、バングル／ともに3COINS　靴／WA ORiental TRaffic（ダブルエー）　ジャケット／H&M（スタイリスト私物）

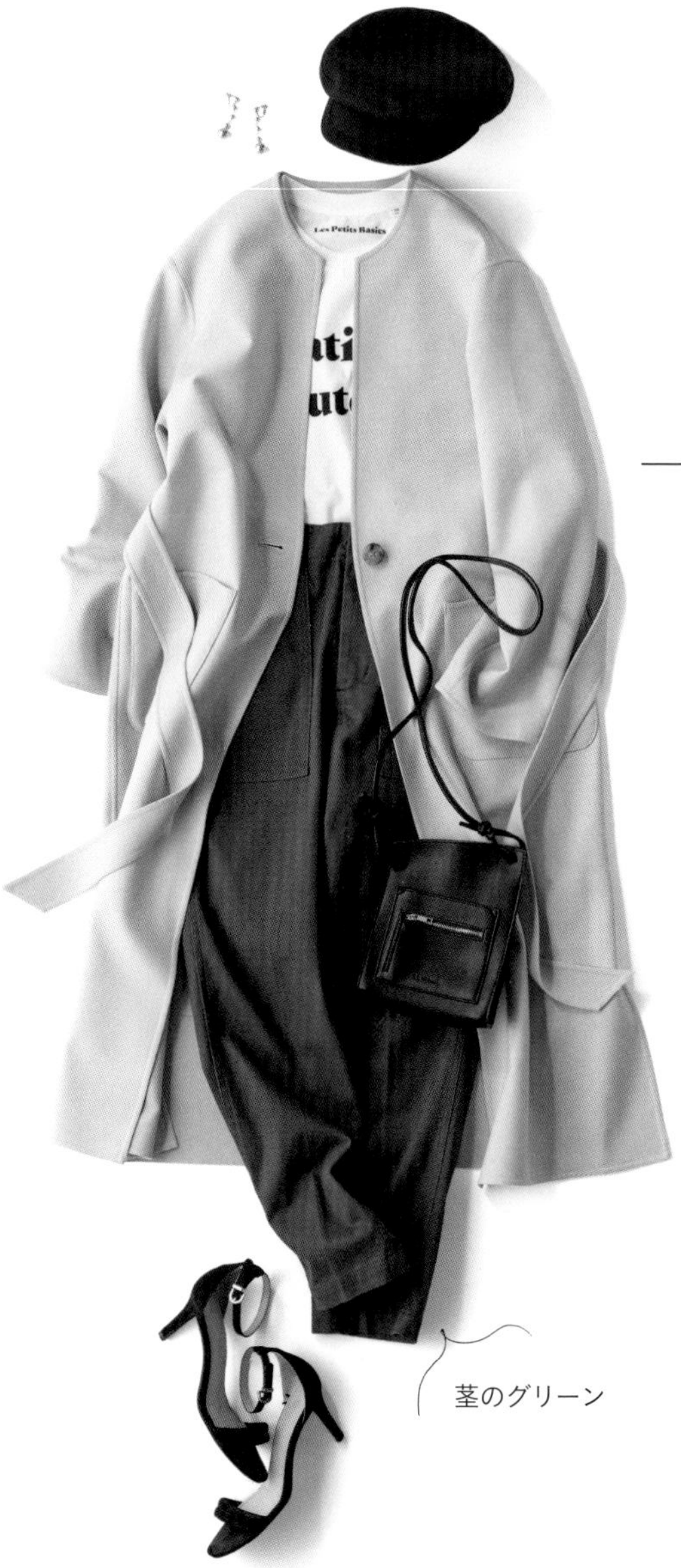

あじさいコーデ

茎のグリーン

濃淡トーンを変えれば、
カラー×カラーも大人顔

パープル×グリーン配色の着こなし。色×色に抵抗があるなら、土台色＋さし色と考えればトライしやすいはず。グリーンのトーンを落としてカーキにし、主役の淡いパープルを広い面積でとり入れ、黒小物で引き締めて。

アウター／PLST　パンツ／AMERICAN HOLIC　イヤリング／Lattice　バッグ／LE VERNIS（キャセリーニ）　Tシャツ／Les Petits Basics、靴／H&M、キャスケット／CA4LA（以上スタイリスト私物）

やってみよう #13

がりがり君　クリームソーダ　あじさい　ひまわり　アポロチョコの配色をまねてみる

ひまわりコーデ

タネのブラウン！

茶系トーンに黄色をさしたなじみのいいグラデ配色

茶〜ベージュの濃淡に黄色をさしたナチュラルな配色コーデ。実はどのカラーも肌なじみがよく、とり入れやすい色合わせなのです。アクセ使いはゴールドにするとまとまりがでます。茶とイエローの比率を逆にすればプリンの配色に。

ロングカーディガン／エルーラ（アダストリア）　スカート／Jines（Jines ペリエ千葉店）　ストール／コムサイズム（ファイブフォックス）　ネックレス ／Rocco style.　タンクトップ／Plage、靴／J.CREW、バッグ／ZARA、ハット／REAL TOYO（以上スタイリスト私物）

プリンコーデと考えてもイメージふくらむ！

ストロベリー
チョコ

アポロチョココーデ

**ビターなブラウンコーデに
ほんのりピンクをトッピング**

チョコレートブラウンにストロベリーピンクをさした配色。茶のワントーンにやわらかさがプラスされ、より華やかな印象に。顔の近くにピンクをさすことで、顔色もよく見えます。視線を引き上げ効果もあり、スタイル美人に。

Tシャツ／GU　ニット／UNIQLO　サロペットスカート、ネックレス／ともにRocco style.　バングル／3COINS　バッグ／ZARA、靴／TKEES（ともにスタイリスト私物）

やってみよう

#14

「好きだけど着たことない色」にトライしてみよう

全身に 1ヵ所だけ さしてみる

「さし色はトップスに
使うもの」って
思ってませんか？
頭
Head
トップス
Tops
手・腕
Hand/Arm
ボトム
Bottom
足元
Foot
Point
全身を5パーツに
分けてどこか1カ所
に色を入れる

似合う色ではなく、好きな色を自分に問いかけてみて！

色への抵抗感を乗り越えかけた今、あらためて質問です。「あなたの好きな色は何ですか？」。実はこの問い、意外と「あれ？　何色が好きだったっけ？」と戸惑うかたが多いのです。大人になるにつれ、人の視線を気にして、「好き」より「間違ってない」「似合ってる」、つまり他人軸で洋服を選びがちに。今こそ、自分の中にある「好き」を呼び覚ましましょう！　そして、ステキ！と思った色をただただ着てしまいましょう♡　それだけでご機嫌度がハンパなくアップします。まずは全身1カ所とり入れるところから始めて。

全身に 1か所だけ さしてみる

トップス
Tops

頭
Head

イメチェンにもってこい

プチプラで色が楽しめる

こうなれる
#14

好きな色を堂々と身につけられ**気持ちがアガる!**コーデの幅も大きく広がる!

自分的にしっくりくるパーツに色を入れてみて

「似合う、似合わない」色の呪縛から解放されよう

声を大にして言いたいのは、「似合うか、似合わないかなんて、とりあえず考えなくていい」ということ。ステキ!と思う色を見つけても、あとからすぐに「いやいや似合わないでしょ」「どう着るの?」という思考がぐん!と押し寄

せてきてはいませんか？　せっかくステキ！と思った直感を打ち消す、ネガティブな考え（＝呪縛）から解放されてほしいのです。いったん「似合う、似合わない」は横に置いといて、直感的に好きな色を頭、トップス、ボトム、手・腕、足元のどこか1か所にとり入れてみて！　ファッションはトップスがすべてではありません。とり入れるところはたくさんあるのです。まずは、全身を5つのパーツで考えてみましょう。色をどこに配置するかでコーデの見え方はぜんぜん変わります。

やってみよう #14

全身に 1カ所だけ さしてみる

顔映りのよし悪しで、好きな色の配置をカスタマイズ

「似合う色」かどうかは、顔色に影響するトップスで使うときだけ気にすればいいんです。ステキ！と思う色が見つかったら、顔にあてて鏡を見て、映りがよければOK！ 顔色が悪く見えるなら、顔から離すか、ピアスなど小さい面積で使えばいい。靴とバッグ、ピアスなどリンク使いしてもステキ！ 似合わないけど好き！はこれで解決です。今まで定番色から選ぶ習慣がついていて、色アイテムの存在に気づいていなかったかたもこれからはステキな色が次々と目に飛び込んできて、好き！ 着たい！のラッシュになりますよ。

Akiko Yamamoto
Fashion Drill

やってみよう

#15

「全身グラデ」でおしゃれ上級者風になってみよう

土台色を遊んで
洗練度UP！

土台色を遊んで洗練度UP！

こうなれる

#15

とり急ぎ白をさせば、自動的に**メリハリがつく！**

**趣向を変えた着こなしで
手持ちの土台色をフル活用**

ここでは、家にたくさんある茶やグレーなどの土台色アイテムで遊んでみましょう。おしゃれな人が今こぞってやっているワントーン（＝グラデーション配色）コーデをつくるんです。まずはベージュ。茶と合わせてグラデを奏でましょう。白を足せばコントラストが高くなり、メリハリ度がアップ！　黒は強すぎて、ふんわりとやさしい印象が損なわれてしまうので、使わない！と決めましょう。また、柄で濃淡を足すと、コーデに奥行きが生まれ、上級者に。仕上げにゴールドやレザーなど素材感のある小物を合わせれば、ぐっと洗練された印象に。

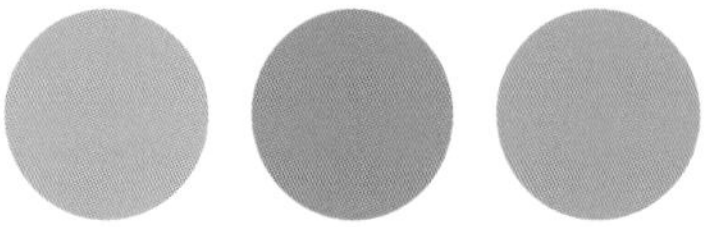

ベージュ

裸に見えないベージュグラデ

☑ ゴールドを入れる　☑ 黒に逃げない

ボーダー柄で
視線を
キャッチ

白

フードで
ベージュに
立体感を

白

ボーダー柄でアクセントをつくり、アクセサリー系はゴールドでまとめ統一感を。シャツ、パンツ、靴／以上GU　ニット／yueni（ジオン商事）　ピアス／3COINS　バッグ／ZARA（スタイリスト私物）

柄スカートの濃淡とレザー小物の素材感で奥行きを出して。プルオーバー／GU　スカート／PLST　メガネ／Lattice　バッグ／Rocco style.　靴／AMERICAN HOLIC　ジャケット／H&M（スタイリスト私物）

やってみよう #15

土台色を遊んで洗練度UP！

こうなれる #15

まっ白とシルバーで**光をとり入れる**

黒を合わせると一気に沈む！白で軽やかにトーンアップ

グレーの場合、グラデ配色だからといって、黒を合わせると、とたんに地味子に！ 黒い絵の具を一滴たらすだけで、パレットの絵の具がぐんと暗くなるように、黒のパワーに引っぱられてグレーがどんよりと暗く見えてしまいます。グレーは、軽やかさを出すのが鉄則！ グレーの濃淡でまとめてやさしいニュアンスを引き出しつつ、白を効かせてトーンアップさせましょう。また、マニッシュで重厚な印象なので、ニットやとろみ素材などやわらかくて空気感のある服を選ぶと間違いなし。シルバーのアクセサリーや靴、バッグで、光をさすテも有効です。

ネズミ女にならないグレーグラデ

☑ グレーは空気感で着る　☑ シルバーを入れる

薄やわ素材なら
メンズライク
すぎない

スカーフで柄をON。ジャケット／UNIQLO パンツ／Rocco style.　スカーフ／AMERICAN HOLIC　チョーカー／OX JEWELRY　バッグ／JAMIRAY(キャセリーニ)　ニット／UNIQLO、靴／ZARA(ともにスタイリスト私物)

小ぶり
シルバーが
好アクセント

シルバーのチェーンバッグで華やか、かつインパクトを。プルオーバー／Rocco style. サロペットスカート／PLST　サングラス／Lattice　バッグ／ダイアナ(ダイアナ 銀座本店)　靴／AMERICAN HOLIC

やってみよう #15

土台色を遊んで洗練度UP！

こうなれる
#15

輪郭担当として白&黒をさして洗練度UP

黒&白と合わせることで
ネイビーの〝彩り〟をきわ立たせて

ネイビーは制服などに多く使われている正統派なカラー。きまじめな印象に偏りがちなので、「華やか担当」としてブルーを広い面積で合わせ、爽やかなグラデを奏でましょう。また、ぱっと見、黒と見分けがつきにくく〝カラー〟として認識されにくいので、あえて白だけでなく、黒の小物を合わせるのもポイント。メリハリが出るだけでなく、ネイビーの彩りの輪郭がはっきりと浮き出てきます。ハリのあるジャケットやパンツにはニットや落ち感のある素材など、カジュアルなものや女性らしいデザインのものを合わせると、より上品な雰囲気に。

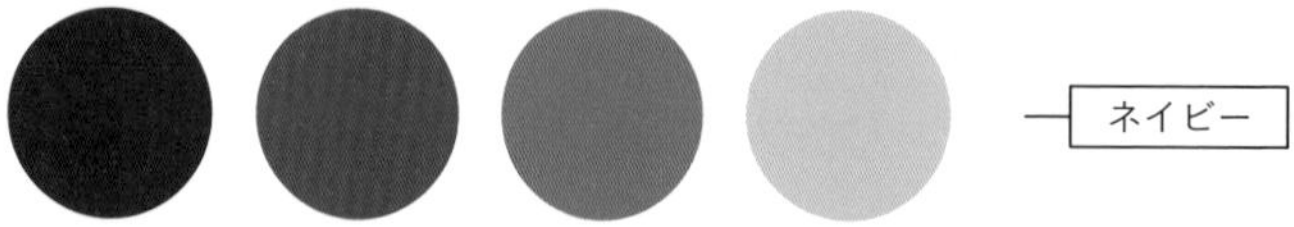

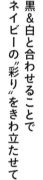

きまじめ野郎にならないネイビーグラデ

☑ ブルーを広めにさす　☑ 黒で引き締める

やわらか素材
でほんのり
女子感を
白

ジャケット／GU　シャツ／エルーラ（アダストリア）　メガネ／3COINS　スカーフ／UNIQLO　バッグ／koe（koe 渋谷店）　靴／ダイアナ（ダイアナ 銀座本店）　パンツ／UNIQLO ＋J、ソックス／GU（ともにスタイリスト私物）

黒小物で
紺の色みが
くっきり
白

帽子、バッグ、スニーカーを黒で統一。ニット（カットソーつき）／コムサイズム（ファイブフォックス）　スカート／MERI　キャスケット／Rocco style.　バッグ／ZARA、靴／CONVERSE（ともにスタイリスト私物）

Column 03

カラスにならない黒コーデは「肌の見せ感」「素材感やわやわ」「同じ黒でも異素材」でつくる

黒アイテムは取り扱い注意！　光る・透けるなどの
変化球なテクスチャーや肌見せの力を味方につけて。

いよいよ、ラスボス・黒のご登場！　少ない量を足すだけでも、きりり！とシャープになる。黒ってホント強い！　だから気をつけて使わないと、重さ、いかつさ、怖さが前面に出てしまうこともあるんです。全身黒のコーディネートには、「やさしい黒」「楽しそうな黒」「可愛げのある黒」を組み込んでください。「どんなアイテムだよ！」って、突っ込みたくなると思いますが、簡単に言うと、ブラックフォーマルには着られないな〜という黒アイテムのこと。透ける素材や光る素材、肌が見えるデザインなど、お悔やみの場なら〝マナー違反な黒〟が、普段のおしゃれでは活躍します。たとえば、ベーシックな黒のパンツやスカートを着る場合は、ノースリーブやデコルテの開いたトップスで肌を見せ、女らしさや抜け感を出しましょう。小物もサンダルにして軽やかさやきゃしゃ感を出すとよりおしゃれに。ラフィア素材やシースルー、メッシュなど表情のある素材の小物で変化や奥行きを足すのもポイント。

細いストラップやシースルー素材で肌見せやきゃしゃ感を演出して。1.サロペット／AMERICAN HOLIC　2.サンダル／TKEES、3.かごバッグ／ZARA、4.アンクルストラップサンダル／H&M（以上スタイリスト私物）　5.タンクトップ／GU　6.メッシュバッグ／CONTROL FREAK（キャセリーニ）

山本あきこより

Akiko Yamamoto
Fashion Drill

中級編

— INTERMEDIATE —

まで終えたあなたへ

ふ、ふ、ふ、…… まわりが
ざわついてきたんじゃないでしょうか？
「あの人、最近なんだか
キレイじゃない？」って!!
それね、気のせいじゃないです。事実です！
次の応用編では、
あなたは劇的に変わります。劇的にね!!

「好きな色を着る」、やってみたら案外簡単で、楽しかったのでは？　「似合う、似合わない」の呪縛から解き放たれ、自分から「好き！」を見つけて「着こなす工夫」ができたのです。これは、とても大きな一歩！　もう、他人軸ではなく、自分軸でファッションを楽しめていますから、自信を持ってください！　色って変化を気づかれやすいので、まわりが「あの人最近変わった」ってざわついてきましたよね？　それはおしゃれが上達してるってこと。自撮りを見てください。かなりいい感じになってきてるはず。この自己肯定感の積み重ねや、まわりからのいい反応が、あなたのおしゃれ度をどんどん押し上げてくれます！

Akiko Yamamoto
Fashion Drill

応用編

— APPLICATION —

#16

1万円以内で **定番服** を買いかえよう

#17〜18

小物・さし色 をマスター

#19〜20

いつもコーデ をブラッシュアップ

Akiko Yamamoto
Fashion Drill

応用編 では…

APPLICATION

「好き」を着るスキルをアップ！

自分はおしゃれって 認めてあげる

あなたはもう
おしゃれなので
冒険しても
大丈夫です!!

さぁ、ゴールは、目前です!!
中級編で自分の「好き」を見つめ直し、
色への苦手意識を克服したあなたは、今、フラットな状態。
応用編では、その「好き」をブラッシュアップしますよ！
洗車にたとえると、磨いてワックスをかける仕上げの段階です!!
あなたはもう、ほぼほぼ「イケてる人」になっています。
より上手に「好き」を着こなせるようスキルを磨いていきましょう。
今のあなたなら、「おしゃれ上級者」の専売特許だったアイテムや
着こなしテクも堂々と自分のものにできるはず！
どれも驚くほどにちょっとしたこと。でもでも、驚くほどに
おしゃれ洗練度が変わるので、一つ一つマスターして!!

1万円以内で定番服を買いかえたり

シンプルな服ほどシルエットが毎年進化。トレンドをうまく反映しているプチプラ服でニューベーシックへアップデート！

小物をリンクして散らしたり

小物って実は、オオモノ！　あと回しにせず、小物からおしゃれを組み立てておしゃれレベルをアップしよう！

ラベンダー

ミントグリーン

大人な さし色を 体験したり

ビビッドカラーだけがさし色ではない！　大人にぴったりの「さしすぎないさし色」をお教えします。どんな色とも合う優秀カラーだから安心してトライ！

あたりまえを change！ したり

ジレ

1点 キメアイテムを 足したり

ちょっとハードルは高いけど、あったら絶対に見違える！　そんなパワーアイテムを厳選！　スタイルアップもできるから買い足すならこれらに決まり！

でかバッグを

ミニバッグ＋エコバッグ に

毎日のカジュアルコーデに簡単にとり入れられる〝目からウロコ〟なアイディア集。「そっかぁ気づかなかったー！」と「なるほど!!」の連続です。

やってみよう

#16

1万円以内で今の私にアップデートしよう

定番服こそ見直してみる

実は洋服に「永遠の定番」は存在しない!?

ジャケットや白シャツなどのベーシックアイテムは、「いいものを買って長く着よう」と自慢の一着をリピートしているかた、少なくないと思います。でも実は洋服に「永遠の定番」「一生もの」というものは、ほとんど存在しないのです! ベーシックなものも、毎年流行が変わり、〝なう〟に進化しているんです。もちろん、いつの時代でも名品として通用するものもありますが、流行に合わせおしゃれっぽく着こなすには、高度なワザが必要。即、おしゃれ力に自信をつけたいなら、ベーシックアイテムを〝なう〟なものに更新していくほうが、手っとり早いのです。

シルエットは
今どき?
カーディガン
丈は
今どき?
ジャケット
白シャツ
デニム
ボリューム感は
今どき?
ウエスト位置は
今どき?
シンプルな服ほど、
実はシルエットが
進化しているって知ってた?

やってみよう #16

定番服こそ見直してみる

こうなれる #16

簡単に〝なう〟にあか抜けできてスタイルだってよく見せられる！

ベーシックこそ〝なう〟なものを！おしゃれが一気に簡単に！

シンプルなものほど、実はシルエットに流行がすごく出やすいし、流行に乗っていないと一気に古びて見えるという事実があるのです。アラフォーになると、「この年になってまで、流行を追いたくない」「変に頑張って見えたりするのがカッコ悪い」と思いがちですが、アラフォーにこそ〝なう〟のエッセンスが必要。ここはひとつ、ベーシックアイテムを今どきなものに更新してみましょう！ 1万円以内でも、十分今っぽいデザインのものが見つかりますから、〝なう〟をとり入れて、一気におしゃ見えしちゃいましょう。

「いいもの着てるのに
なんだかあか抜けない〜！」
それはあなたの
せいじゃないのです！

やってみよう #16

定番服こそ見直してみる

白シャツは〝体がスイスイ泳ぐ〟身幅の広さが決め手

Old

×
肩幅が狭い！
ジャストサイズ

×
袖ぐりがタイト。
袖も細い

×
身幅も細くて
ゆとりがない

New

○
肩幅が広い
ドロップショルダー
デザイン

○
身幅が広く、
ゆとりがたっぷり

○
前身頃のほうが
やや短め

Point
大きすぎる!?
くらいがむしろ
正解！

重ねてみたら差は歴然！　首まわりや着丈はほぼ変わらず、身幅がこんなに広い！

シンプルなのに
おしゃれの秘密は
この身幅！

New

Old

サイド
シルエットも
激変してます！

シャツだけで一気にあか抜けてスタイル美人に

首まわりや着丈は、新旧変わらずそのままですが、わきと袖ぐりに、たっぷりゆとりがとられているものを選べば一気に旬顔に。前だけINして着やすいよう、サイドスリット入りや前身頃が短くなっているものがベター。

Newのシャツ 1,990円(税込)／GU　パンツ／AMERICAN HOLIC
ピアス／3COINS　Oldのシャツ、靴／PELLICO(ともにスタイリスト私物)

やってみよう #16

定番服 こそ見直してみる

デニム の勝敗は股上の深さで決まる！ 錯覚効果で＋20cmの脚長に

Old

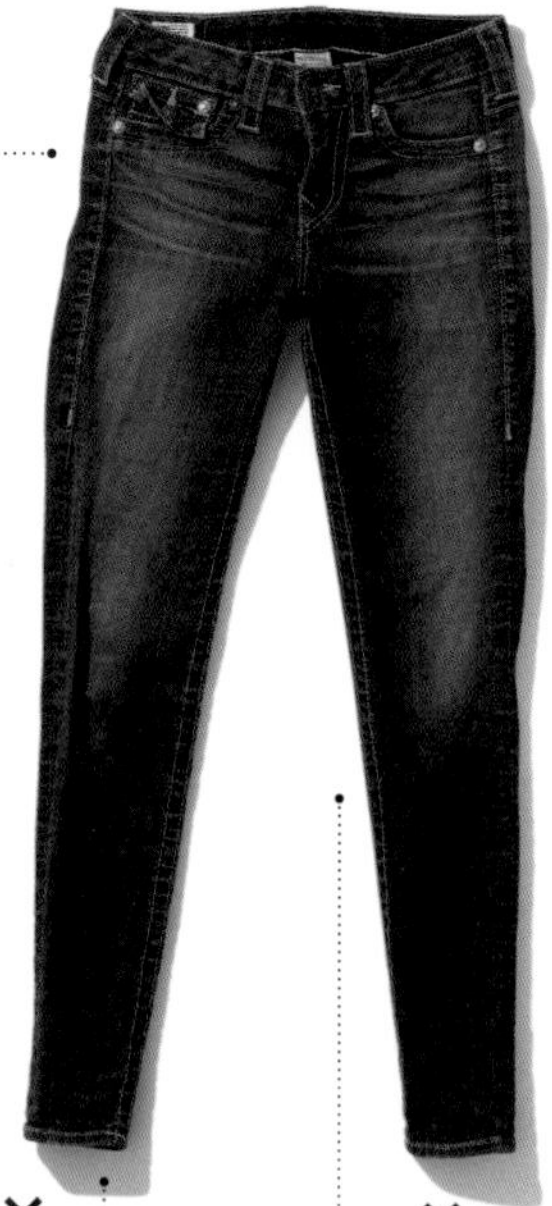

× おなかがぽっこり はみ出る ローライズ

× 足首もタイトで ふくらはぎが出る

× ぴちぴちのひざ下 ストレッチ入り

New

○ おなかがしっかり カバーできる ハイウエスト

○ 肉感が出ない ノーストレッチ

○ ゆったりとした 太めストレート

Point
ローライズや スキニーは フリマへGO

丈は同じなのに股上がこんなに違う！　昔のデニムが短足に見える原因はここにあった！

丈は一緒なのに、
脚の長さがぜんぜん
違って見える！

New

Old

脚の
シルエットも
カムフラ！

ハイウエストの〝脚長に見える錯覚効果〟を使いまくろう！

デニムパンツは流行が出やすく、昔懐かしいローライズは、古くさいだけでなく短足に見え、脚の太いところも強調されてしまいます。ハイライズなら腰位置が上がり、ゆとり設計で脚ラインもお尻もカバー、脚長に見えます！

Newのデニムパンツ 2,490円（税込）／GU　Oldのデニムパンツ、靴／STEVE MADDEN（以上スタイリスト私物）　カットソー／Gap（Gap新宿フラッグス店）　ピアス／3COINS

やってみよう #16

定番服こそ見直してみる

ジャケットは脱コンパクト！あえてのずん胴が今どきシルエットをつくる

Old

×
きっちり
ジャストな肩幅

×
女性らしく
しぼったウエスト

×
ヒップ位置より高い
短め丈

New

○
シェイプのない
まっすぐな
ウエスト

○
ロールアップ
したい
長めな袖

○
腰が隠れる
長め丈

Point
すとんと
まっすぐなラインが
今っぽい

ウエストのシェイプだけでなく、袖丈、身頃丈と袖の長さにもこんなにも差があった！

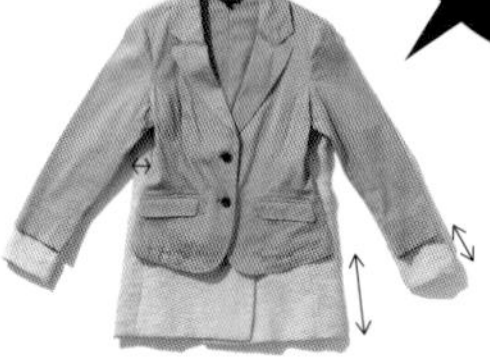

あえてのずん胴が
縦ライン効果で
すっきりほっそり

New

Old

横から見ても
おしゃれっぽい！

ずん胴にすると、あらまあ不思議！　細見え〜

よかれと思ったくびれシルエットが諸悪の根源。ずん胴なほうが、シャープに見えて、着やせできるという事実。ダブルのものにするとよりゆとり感がアップ。そでをまくってラフ感を出すとこなれた印象に。

Newのジャケット 3,636円＋税／H&M、Oldのジャケット（ともにスタイリスト私物）　Tシャツ／GU　スカート／AMERICAN HOLIC　メガネ／Lattice　ピアス／3COINS　靴／ORiental TRaffic（ダブルエー）

やってみよう #16

定番服こそ見直してみる

カーディガンは丈が命！　膝丈なら
スラッ、ふわっ、キメっ！　一石三鳥

Old

×
広めな
Vネックライン

×
コンパクトな
シルエット

×
ギリギリお尻が見える
短め丈

New

○
シャープな
鋭角の
Vネック

○
くびれのない
ストレート
シルエット

○
お尻が隠れる
ロング丈

Point
**フィット
しすぎない
ゆとりが◎**

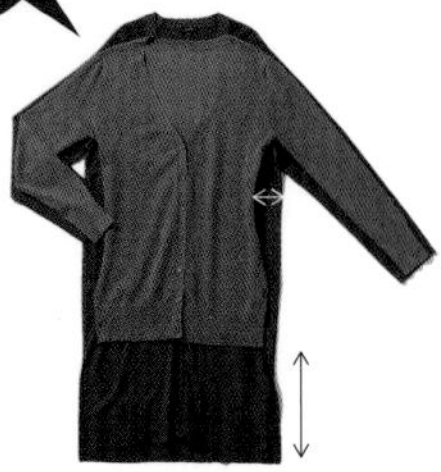

お尻が隠れる丈感がセレクトの決め手。身幅も広めなビッグシルエットが今どき感の条件！

はおるだけで
勝手にIライン
シルエットに

New

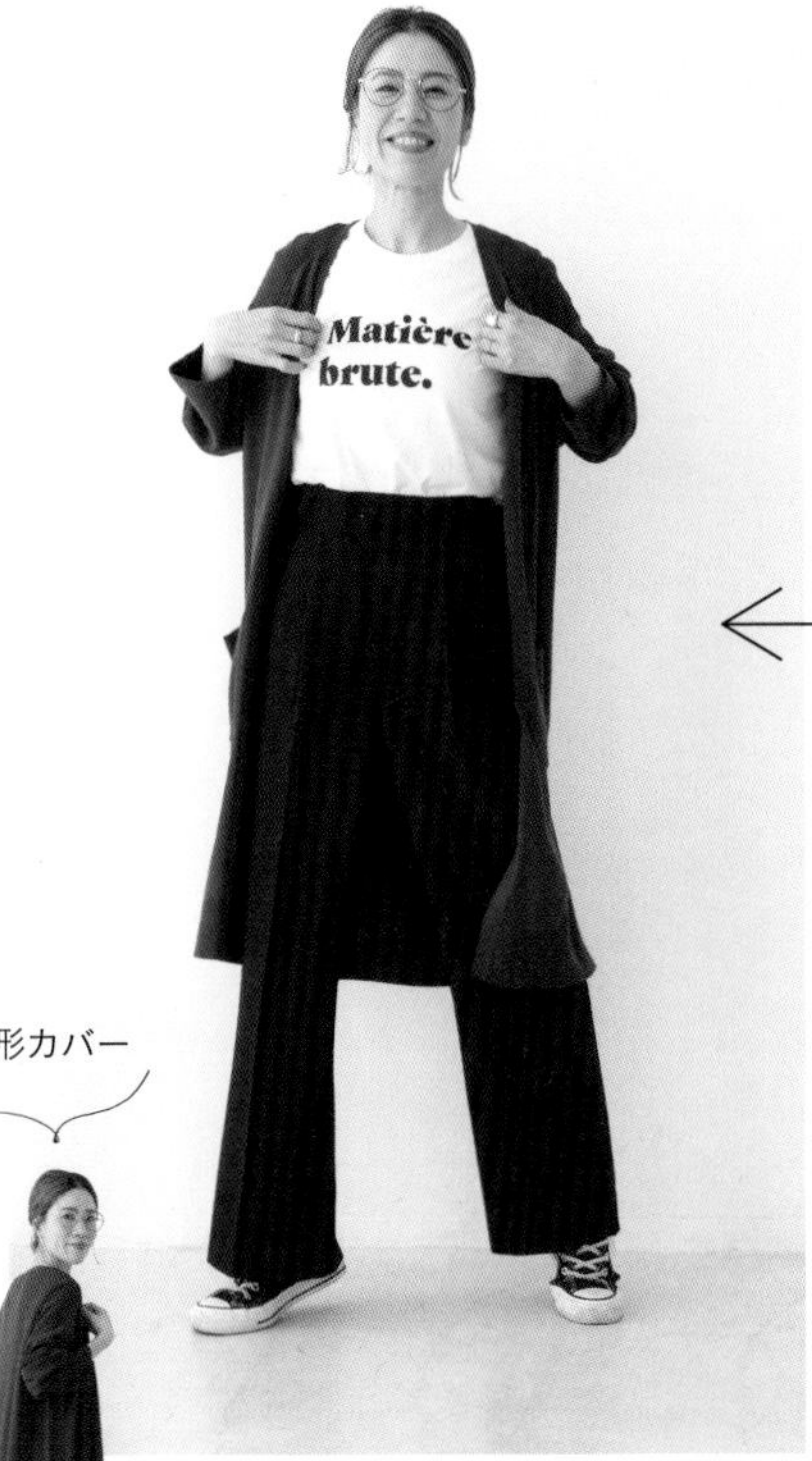

Old

体形カバー

ふわり、とひるがえる丈とゆとりが着やせの近道

カーディガンはお尻が隠れる丈で前ボタンが目立ちすぎないシンプルなものがベスト。サイドスリット入りを選ぶと、動きやすく、シャープ感もアップ。着るだけで縦ラインをつくれ、後ろ姿美人に！

Newのロングカーディガン 6,272円＋税／コムサイズム（ファイブフォックス）　Oldのカーディガン、Tシャツ／Les Petits Basics、靴／CONVERSE（以上スタイリスト私物）　パンツ／Rocco style.　メガネ／3COINS

やってみよう

#17

「小物使い」をマスターしよう

同色の小物を
全身に散らしてみる

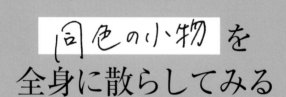

小物って、実はオオモノ！
おしゃれのカギとなる存在

おしゃれにかけられる予算は限られているから、どうしてもトップスなどの洋服から買って、小物はあと回しになりがち。でも、小物を見くびってはいけません！　ぜんぜん小物ではなく、むしろオオモノ！　まず、コーデで心がけてほしいのが、靴＆バッグ、帽子など小物の色をそろえること。まとまり感が出て全身すっきりして見えます。さらに色をリンクすることで、アクセントとしての役割を発揮。茶、白、黒などの土台色なら、手持ちでそろえられるのでは。茶、白、黒、それぞれの色にそれぞれの効果がありますが、それについては次のページから！

「小物って
どう使うの？」な人！
手持ちで使い方
を特訓しましょう！

やってみよう #17

同色の小物を全身に散らしてみる

こうなれる #17

茶の小物を散らして引き締めると「大人の品」がかもし出せる

なじみつつ主張する茶ならではの上品さを最大活用

「バッグや靴＝実用品」でおしゃれの脇役という感覚は捨てちゃってください！　靴は足元、バッグは手元、帽子は頭と場所が離れているのでこの3カ所の小物の色をそろえると自然と〝散らす〟ことができます。コーデの絶妙なアクセントに！　特に大人におすすめなのが茶。茶色って全身に散らすと、ぐっと品が出るんです。さまざまな柄や素材のものをミックスすると奥行き感が出せます。また、ブランドバッグは色で分け、茶なら茶の小物として色リンクさせながら使うと、憧れの「ブランドバッグをさりげなく持つ」がかないます！

カジュアルな
パンツスタイルを
格上げ
茶
ブランドバッグも茶小物ととらえる
茶
茶

デイリーな
ノースリワンピを
お出かけ仕様に
茶
素材感や濃淡の違いもいい表情になる
茶
茶

ローファーでもリラックスした装いに。ブランドバッグも、茶小物として使って。サングラス／Lattice　バングル／Three Four Time(ジオン商事)　バッグ／LOUIS VUITTON(スタイリスト私物)　靴／GU　ニット／PLST　カットソー／AMERICAN HOLIC　パンツ／UNIQLO

黒ワンピにさまざまな茶を散らして。ストローハット、かごバッグ、シルクスカーフ、パイソン靴、同じ茶でも柄&素材で表情をプラス。ハット／REAL TOYO、バッグ／HALIN、靴／ ZARA(以上スタイリスト私物)　ワンピース／MERI　スカーフ／AMERICAN HOLIC　ネックレス／GU

同色の小物を全身に散らしてみる

こうなれる

#17

黒を散らすとむやみに高級感が出る

パステルトーンを黒で引き締めて大人っぽく。ドット柄でポップなフレンチカジュアルに。キャスケット/CA4LA、靴/H&M(ともにスタイリスト私物) カーディガン/GU パンツ/AMERICAN HOLIC スカーフ/Rocco style. ピアス/LesSignes バッグ/LE VERNIS(キャセリーニ)

膨張しがちな淡いカラーに効かせてメリハリアップ

パステルカラーのトップスなど淡いトーンで「顔がぼやける」「着太りしそう」「子どもっぽくならない?」と思ったら「黒ちりばめ大作戦」を発動! 手持ちの黒小物を総動員させて、全身にちりばめましょう。コーデが引き締まり、大人度と着やせ率もアップします。黒小物なら手持ちで数をそろえやすくて、シャープ感があり、コーデをモードに格上げできます。

こうなれる

#17

白を散らすと抜け感がアップしてしゃれて見える！

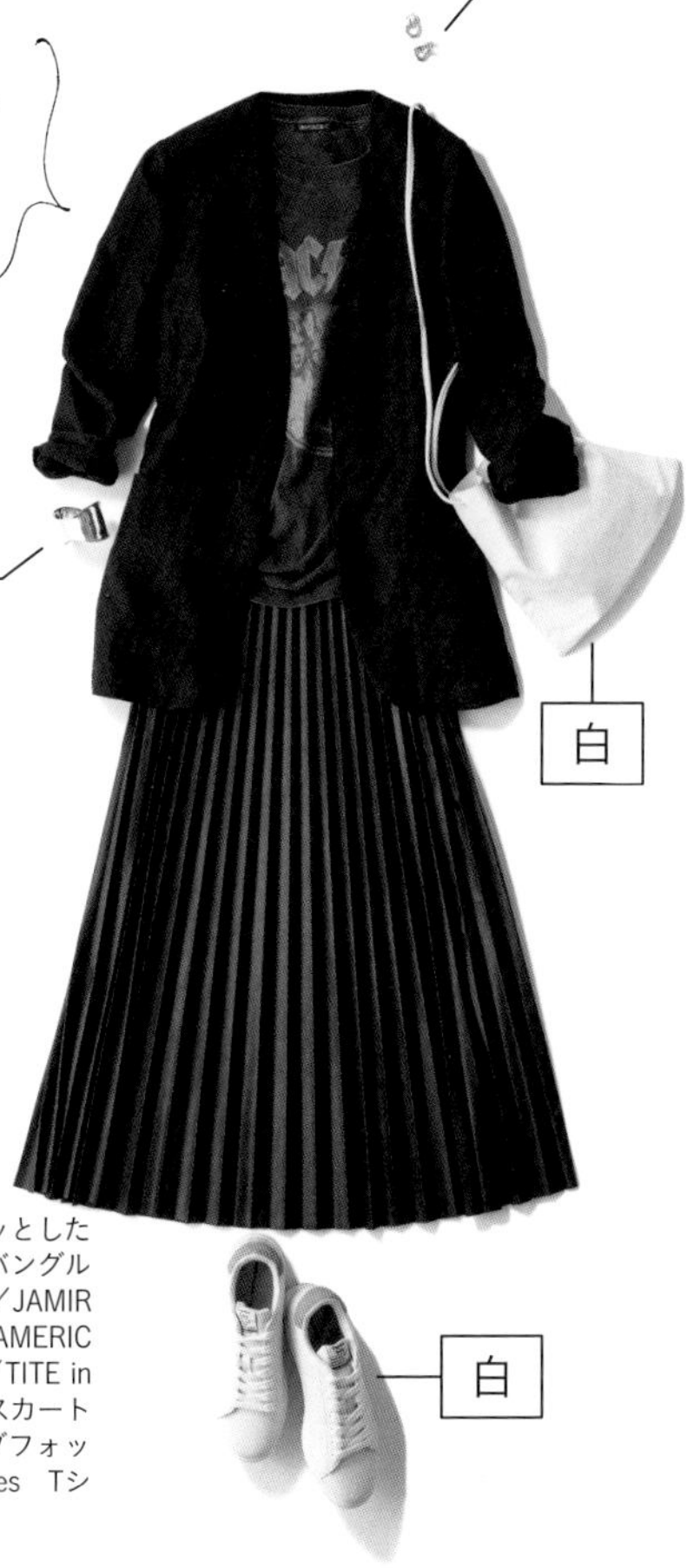
白(シルバー)
清潔感のある白でリンクすると一気に爽やか〜
白(シルバー)

コントラストの高いパキッとした白が黒コーデに映える。バングル／JUICY ROCK　バッグ／JAMIRAY(キャセリーニ)　靴／AMERICAN HOLIC　ジャケット／TITE in the store(ジオン商事)　スカート／コムサイズム(ファイブフォックス)　ピアス／LesSignes　Tシャツ／スタイリスト私物

あえてダークトーンにさして白の軽やかさを引き出して

白には清潔感や軽やかさ、そして〝抜け〟があり、小物でリンクさせてさすと、おしゃれ感がハンパなく上がるんです。全身ブラックなどは「喪服っぽい」「顔が沈む」と大人に敬遠されがち。でも、白小物をそろえておけばNO問題。シルバーも白ととらえてOK。安心して全身ブラックコーデにトライできます。

やってみよう
#18

「さし色」をさしてみよう

さしすぎない
ニュアンスカラーをさしてみる

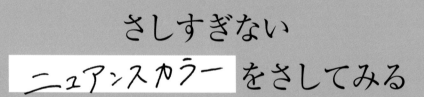

さし色が「なんか浮く」のは さしすぎちゃってるから！

「色をさす」とか「さし色を使う」ってファッション用語、土台色に強いカラーをぴりっと効かせるってイメージがありますよね。でも、さし色だからって、必ずしもビビッドカラーでなくていいんです。大人の場合は、むしろ、さしすぎないほうがいい(笑) やさしいトーンのほんのりとした彩りのほうがなじみます。大人におすすめなのが、ラベンダー、たまごイエロー、ミントグリーン、コーラルピンクの4色。どれもほどよい彩りで合わない色がない万能カラーです。次ページから、それぞれのカラーを着こなしていきましょう。

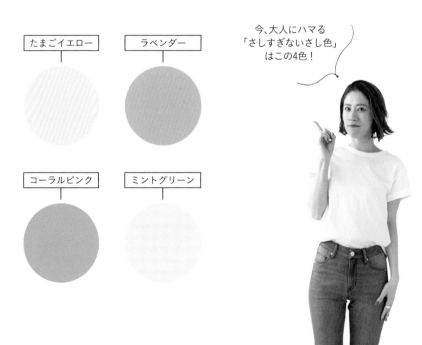

さしすぎない ニュアンスカラー をさしてみる

さしすぎず、
でもいい感じにさせる。
なんともいえない
「ほどよさ」をクリア！

こうなれる

#18

華やかさと品を両立する とっておきの大人色 ラベンダー

バッグ／Three Four Time（ジオン商事） Tシャツ／Les Petits Basics、靴／UNIQLO（ともにスタイリスト私物） ジャケット／GU スカート／MERI メガネ、バングル／ともに3COINS

紺ブレにほのかな甘さと女性らしさを

紺ブレを合わせたコーデにラベンダーをさすと、ほんのりと女性らしさが盛れ、かっちりとした印象がやわらぎます。靴とバッグに散らすとより上級者な印象に。土台色の小物を合わせるより遊びが出て、華やかに仕上がります。

さりげないのに効果大！　大人のための華やぎカラー

ラベンダーのアイテムを見るたび、「こんなにほどよい色ってない〜」「ほどよさのかたまり！」って思うんです。ふんわりと淡い色が着たい！けど、ピンクは甘くなりすぎて浮き足立って見えそう！という大人のかたにぴったり。ラベンダーは、「紫」の持つ高貴さ、しっとり感がちょうどよく、悪目立ちしないんです。なのに、華やかで若々しく見えるといいことずくめ！　顔色が沈んで見えたり、頑張りすぎてる感が出ないので、トップスでとり入れたり、土台色の服に小物でとり入れてコーデをクラスアップしましょう。

1.カーディガン／GU　2.イヤリング／Lattice　3.カットソー／AMERICAN HOLIC　4.ブラウス／UNIQLO　5.スカート／MERI　6.靴／UNIQLO（スタイリスト私物）　7.バッグ／Three Four Time（ジオン商事）

やってみよう #18

さしすぎない ニュアンスカラー をさしてみる

こうなれる

#18

子どもっぽくならず フレッシュに見える元気カラー たまごイエロー

肌になじんで
顔に活力を与える
ハッピーカラー

カーディガン、スカーフ／ともにUNIQLO　パンツ／GU　イヤリング／3COINS　バッグ／ダイアナ（ダイアナ 銀座本店）　靴／ORiental TRaffic（ダブルエー）

正統派トラッドにハッピーな彩りを

トップスでとり入れるならペールトーンのシンプルなニットなどを同系色のベージュボトムと合わせるのがおすすめ。マリンパンツとローファー、スカーフでトラッドに着こなせば、大人度がアップ！　ダークカラーの小物で引き締めて。

「なんかイキイキしてる!」って思わせたいならこの色!

イエローは、「思わず、話しかけたくなる」ハッピーオーラをまとえるカラー。イキイキとした印象で、着ているだけでまわりまで元気に活力を与えてくれます。真っ黄色では浮いたり、子どもっぽく見えたりする場合もあるので、大人は発色が強すぎないトーンを選んで。ベージュや白をまぜたような淡くクリーミーなトーンがおすすめです。小物などで小さくさすときは落ち着いたトーンを選ぶとシーンを問わず使えます。柑橘類を連想させるフレッシュな雰囲気が出せつつ、親近感があるので万人ウケする着こなしが完成!

1.ストール/コムサイズム(ファイブフォックス) 2.イヤリング/Three Four Time(ジオン商事) 3.ニット、4.ワンピース/ともにAMERICAN HOLIC 5.スカーフ/Rocco style. 6.カーディガン/UNIQLO 7.靴/Gap(スタイリスト私物)

さしすぎない ニュアンスカラー をさしてみる

こうなれる
#18

つや感のある素材を選んで エレガントで爽やかな ミントグリーン

光沢素材で
顔を照らして
トーンアップ

ブラウス／コムサイズム（ファイブフォックス） パンツ／UNIQLO ネックレス／Three Four Time（ジオン商事） バングル／3COINS バッグ／CONTROL FREAK（キャセリーニ） 靴／H&M（スタイリスト私物）

＋黒でメリハリと透明感のある装いに

トップスでの決め手は素材感。寒色系なので肌がくすんで見えないようにつや感のある素材で照らしましょう。ミントグリーンの透明感も引き立ちます。ボトムと小物を黒1色でまとめて、大人っぽくモードな印象のお出かけ着に。

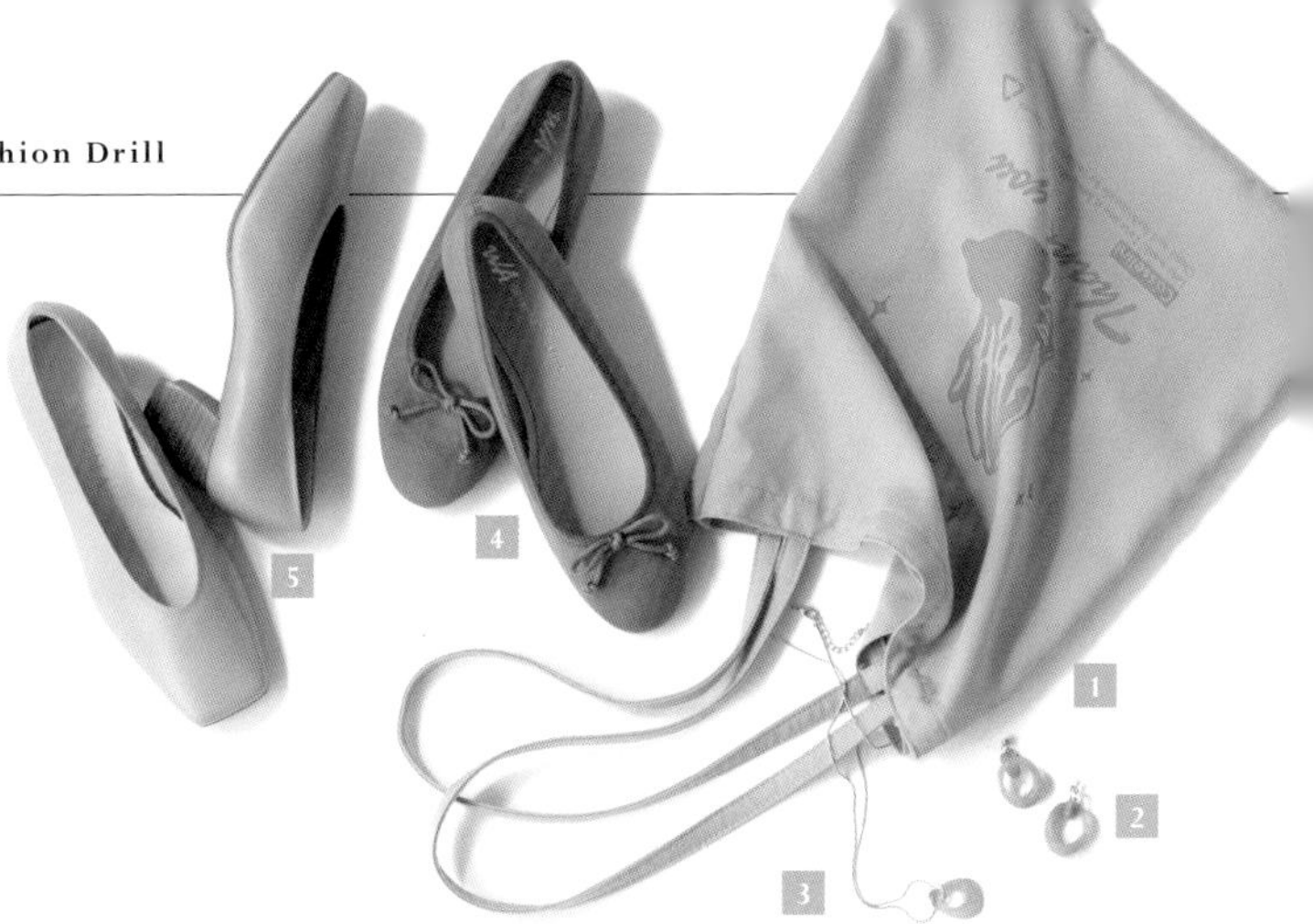

1.バッグ／Casselini（キャセリーニ） 2.イヤリング／Lattice 3.ネックレス／GU 4.バレエシューズ／WA ORiental TRaffic（ダブルエー） 5.パンプス／ダイアナ（ダイアナ 銀座本店）

寒色特有の〝顔沈み〟を光沢素材でフォロー

ミントグリーンは「ニュアンスカラー」というネーミングがいちばんしっくりくるカラー。森林などの自然や澄んだ空気、ミントの清涼感を連想させ、春夏の着こなしにジャスト！ ブルーみの強いものから黄みの強いものまで、彩りと明るさに幅があるので、自分に似合う色が必ず見つかります。白やベージュと合わせれば爽やかにまとまり、黒やグレーなどとはとがりすぎず、適度な軽やかさのある組み合わせに。トップスの場合は、顔を照らしてくれるシルクなどのつや感やとろみのある素材を選ぶのがポイントです。

Point
枯れ感のない みずみずしく なめらかな素材を

1.プルオーバー／UNIQLO 2.Tシャツ／GU 3.ブラウス／コムサイズム（ファイブフォックス） 4.スカーフ／Rocco style.

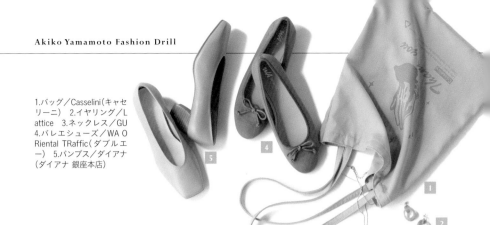

さしすぎない ニュアンスカラー をさしてみる

こうなれる

#18

血色もアップする 合わせやすい肌なじみカラー コーラルピンク

全身を中間色で
まとめて
やさしい印象に

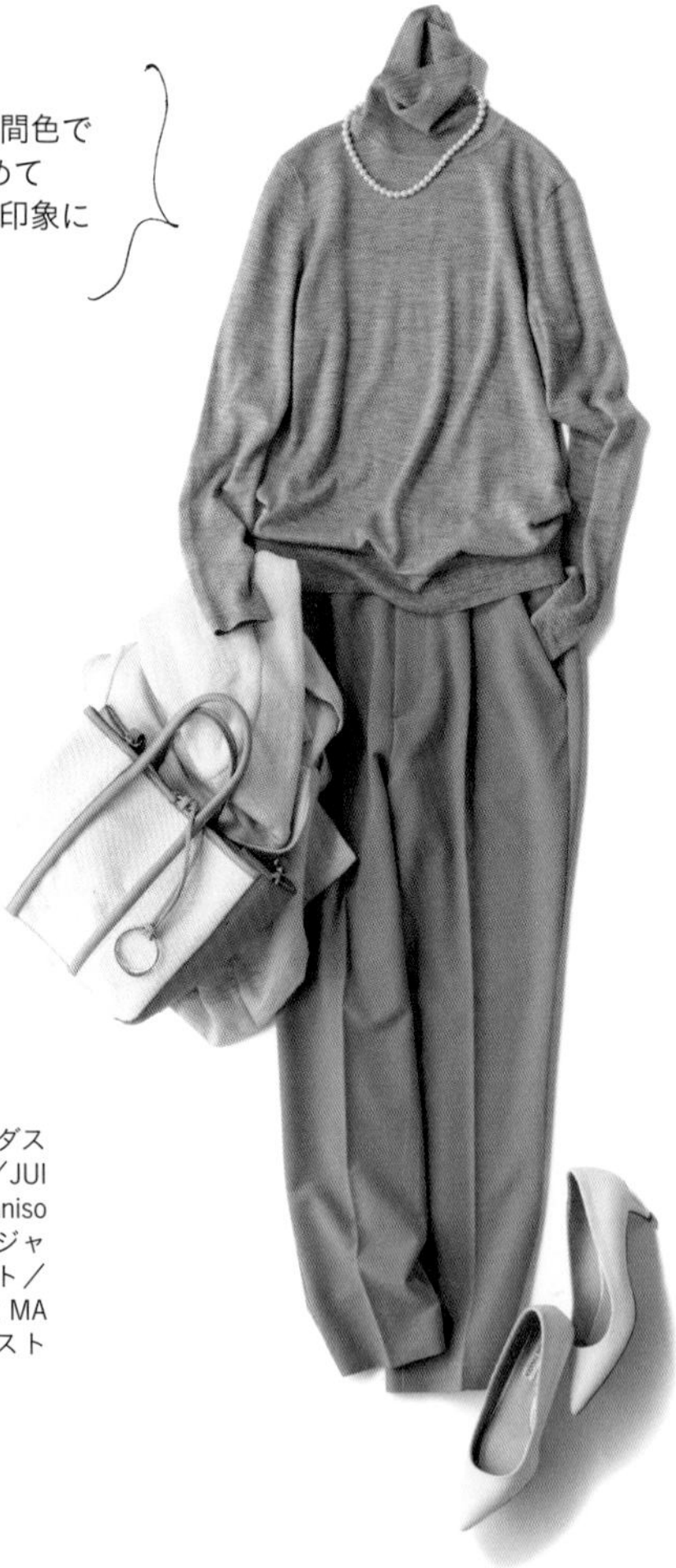

パンツ／エルーラ（アダストリア）　ネックレス／JUICY ROCK　バッグ／aniso tea（キャセリーニ）　ジャケット／H&M、ニット／UNIQLO、靴／STEVE MADDEN（以上スタイリスト私物）

土台色で彩りを引き立てて

ピンクほど甘くなく、女性らしさがしっかり伝わる大人なカラー。一瞬、お地味に見えがちなグレーのタートルと合わせたコーディネート。白の分量を多くすることで、抜け感を出し、軽やかな着こなしに。

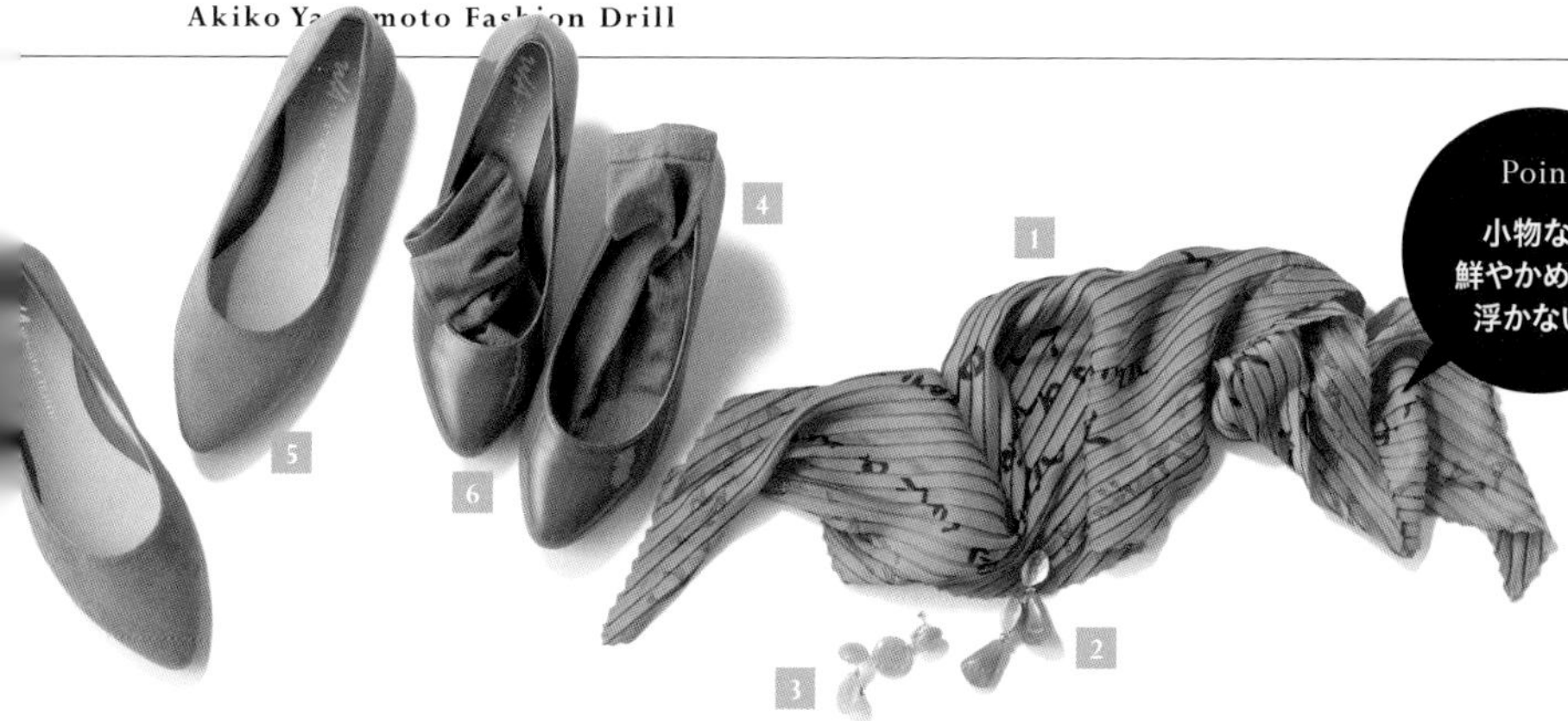

Point
小物なら
鮮やかめでも
浮かない!

女性らしさと肌美人を かなえるヘルシーカラー

肌なじみのよさはナンバーワン！ オレンジがかったピンクなので、どんな肌色の人でもなじみ、ほのかな血色感が顔を健康的に見せてくれます。ややにごりのある深いトーンならベージュ感覚で合わせられます。広い面積でとり入れてもステキですよ。土台色だけのおもしろみに欠ける着こなしも、ボトムをコーラルピンクにしてさし色にとり入れるだけで、華やかさと女性らしさがぐんぐんアップ。オレンジ寄りかピンク寄りか、明度と彩度でも幅があるので自分の好きな色を見つけてみて。トップスは明るく、ボトムを選ぶなら落ち着き感のある暗めを選ぶとコーディネートしやすいです。

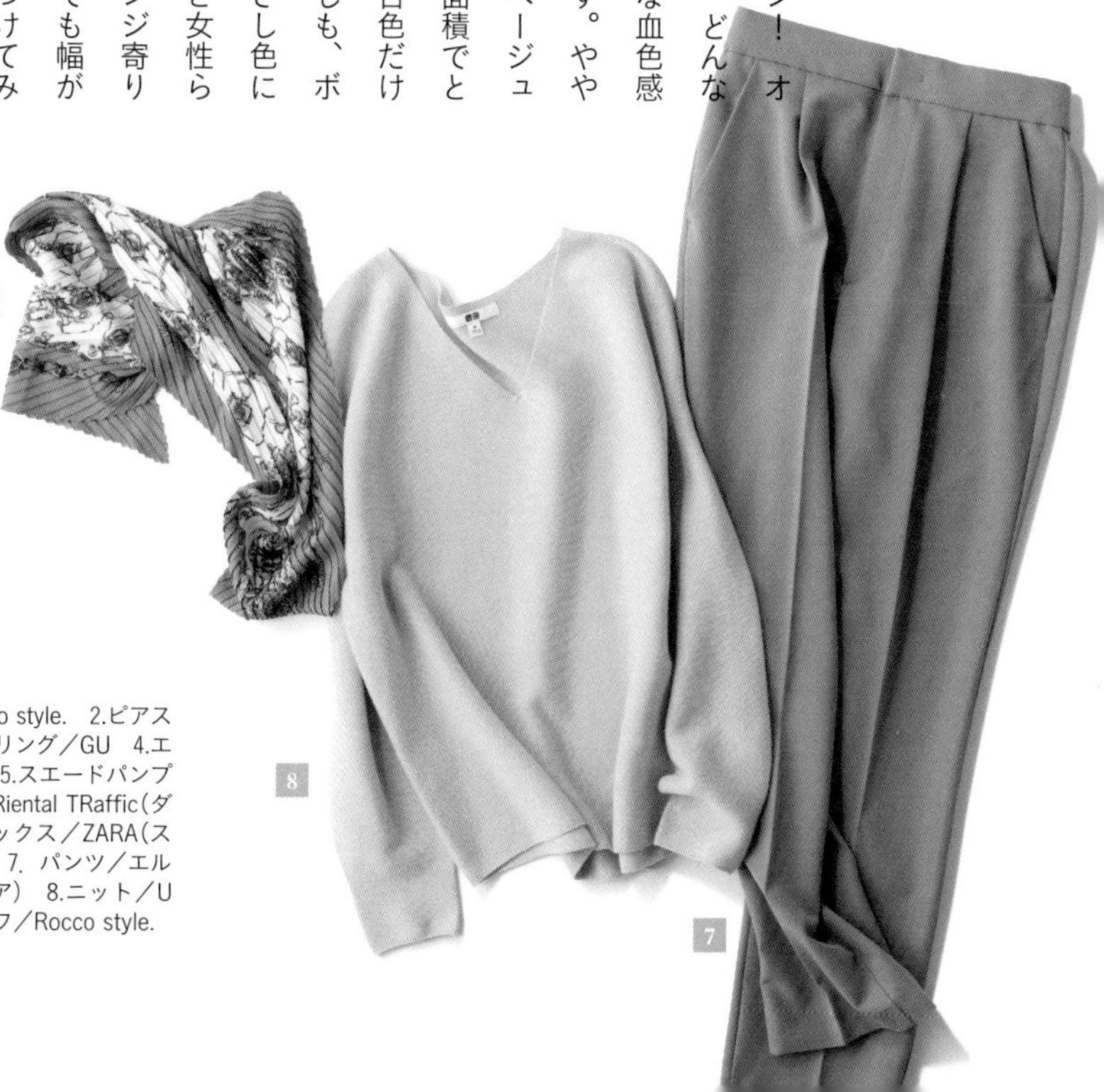

1.スカーフ／Rocco style.　2.ピアス／Lattice　3.イヤリング／GU　4.エナメルパンプス、5.スエードパンプス／ともにWA ORiental TRaffic（ダブルエー）　6.ソックス／ZARA（スタイリスト私物）　7. パンツ／エルーラ（アダストリア）　8.ニット／UNIQLO　9.スカーフ／Rocco style.

やってみよう
#19

いつもコーデを
アップグレードしよう

「あたりまえ」な組み合わせを
1点がえしてみる

憧れのきれいめカジュアルは「1点がえ」だけで完成

みんなの憧れ「きれいめカジュアル」って、おしゃれ上級者にしかできないって思っていませんか？　確かに、「きれいめ」と「カジュアル」、このあんばいって、なかなかむずかしいもの。「どう組み合わせればいいの？」と悩むのは当然です。ただ、むずかしくしているいちばんの原因は、その「むずかしい」って思い込み！　ここでは、「このときにはコレを合わせるもの」と、無意識に思い込んでいた概念をぶっ壊しちゃいましょう！　1点かえるだけでイメチェン可能。きっと目からうろこの連続ですよ。

こんな組み合わせが
コーデを古く見せる
「あたりまえ」に
なりがち！

☑ どんな服とも合わせられて便利

☑ 特に好きではないが無難

☑ 使い勝手がいいため出番が多い

やってみよう #19

「あたりまえ」な組み合わせを 1点がえ してみる

こうなれる
#19

でかトートをミニバッグに持ちかえる。エコバッグとの**セット化で抵抗感なし**

荷物の容量からではなく
ミニバッグありきで考える！

今おしゃれなのって、断然ミニバッグ。大きいバッグは便利ですが、コーデが重く見えがち。荷物が多いからと小さいバッグをあきらめているかたに朗報です！　ミニバッグとエコバッグをニコイチで持ってしまいましょう！　バッグは1個、大は小を兼ねるというのも、不要な思い込み。まずおしゃれなミニバッグを持つことを第一に、入りきらない荷物はおしゃれなエコバッグへ、と発想の転換を。ここで大事なのが、ミニバッグとエコバッグをコーデしておくこと。「エコバッグが間に合わせみたいで恥ずかしい」がなくなります！

〈右〉かごバッグ／ZARA（スタイリスト私物）メッシュバッグ／Rocco style.〈中〉ミニバッグ／GU　トートバッグ／Rocco style.〈左〉ミニバッグ／LE VERNIS（キャセリーニ）　トートバッグ／BEAUTY&YOUTH（スタイリスト私物）

Before

After

荷物多い派ほど
劇的に変わる！

重ためトートは夏素材の2個持ちで軽やかに

丈夫で大容量なキャンバストートが相棒の人、荷物量をクリアできれば小ぶりバッグ＋サブバッグで問題なし！　2つのバッグを季節感のある素材でリンクすれば、サブバッグもサブじゃなくメインに昇格します。

Beforeのバッグ、Afterのかごバッグ／ZARA、靴／J.CREW(以上スタイリスト私物)　Afterのメッシュバッグ、タンクトップ／ともにRocco style.　シャツワンピース／AMERICAN HOLIC　デニムパンツ／無印良品(無印良品 銀座)　バングル／Three Four Time(ジオン商事)

「あたりまえ」な組み合わせを1点がえしてみる

こうなれる #19

ゆるTのように「とろみブラウス」を着て家でもいい女

おしゃれ着だって家で着たっていいんです

とろみブラウスなどのおしゃれ着、お出かけのときしか着ていない、というかたも多いと思います。でも、これらのブラウス、しまいこんでいたらもったいないですよ！　お出かけだけでは、出番が少なくなってしまいがちですが、今は、とろみブラウスでもウォッシャブルな素材が多く、家で洗濯が可能なものも。しかも、シワになりにくく、ゆったりしていて着心地もラクちん。なら、Tシャツと同じように普段に着てみてはどうでしょう？　とろみブラウスのほどよいきちんと感とエレガントな素材感が、普段着をきれいめカジュアルに引き上げてくれますよ。

Point
ブラウスでも
洗える素材なら
Tシャツと同じ！

ラクちんなのに
きれいめ女子に
なれる

After

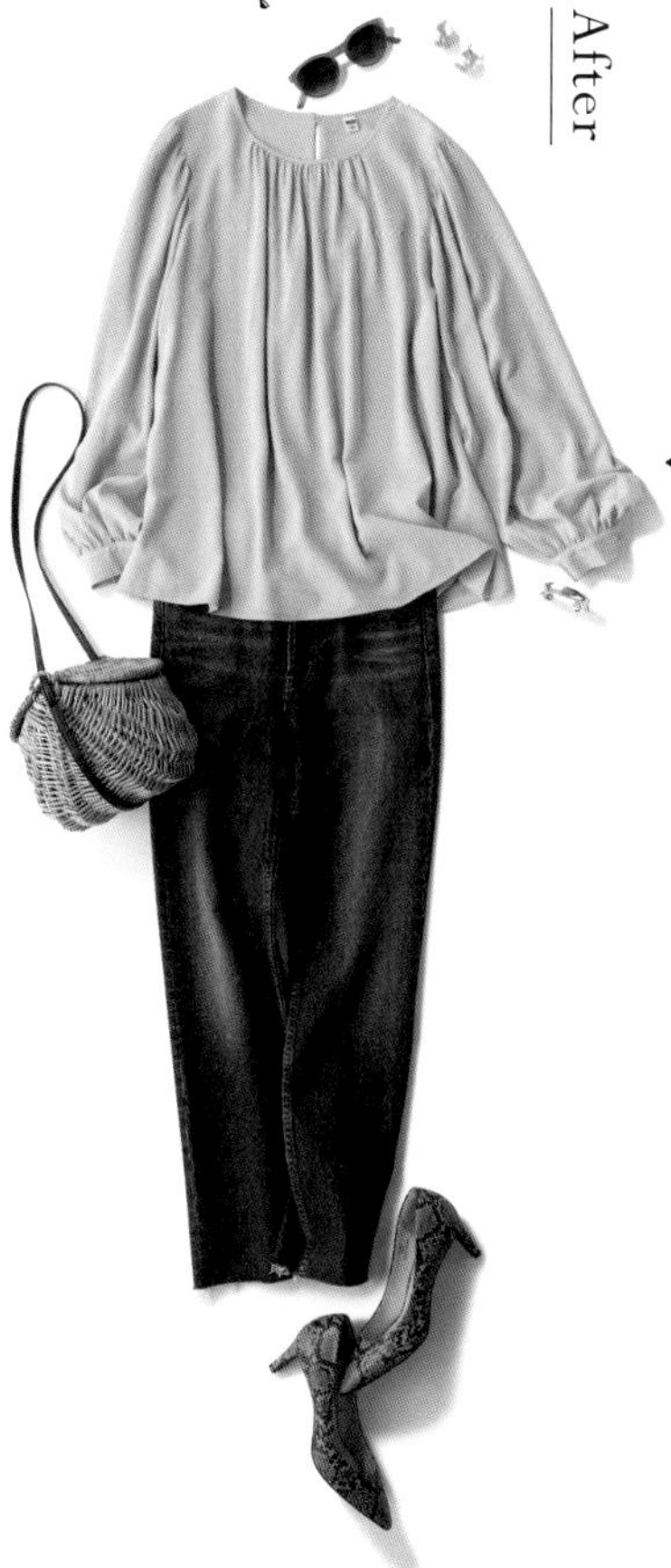

Before

リモートでも映えるほどよい華やかさ

洗えるとろみブラウスはデイリー使いにして活躍頻度をアップ。ラフなデニムと合わせれば、大人にぴったりのきれいめカジュアルのできあがり。何げないワンツーコーデが見違えます。

Afterのブラウス ／UNIQLO　Beforeのカットソー／スタイリスト私物　デニムパンツ／Gap(Gap新宿フラッグス店)　サングラス／Lattice　バングル／Three Four Time(ジオン商事)　イヤリング／3COINS　バッグ／HALIN、靴／GU(ともにスタイリスト私物)

やってみよう #19

「あたりまえ」な組み合わせを 1点がえ してみる

こうなれる #19

デニムを家で洗える「黒テーパード」に差しかえてスタイル美人に

ラクちんなうえ大人としての品格アップ!

#18ではトップスの思い込みをぶっ壊しましたが、次はボトムについての思い込みをとっ払っちゃいましょう! みなさん黒のテーパードパンツ、お持ちですか? テーパードパンツってとろみブラウスと同じようにかっちりした印象で、お出かけや仕事でしか着ていないかたも多いかと。ですが! ストレッチが入っていて家で洗える素材のものだったら、普段からガシガシはいちゃいましょう! ストレッチ入りの黒なら、デニムよりはき心地がよく汚れも気にならないから、デニム並みに使いやすいのです。

Point
ウォッシャブルで
ストレッチ入りなら
デニムよりラクちん

デニムコーデは
だいたい
置きかえ可能！

After

Before

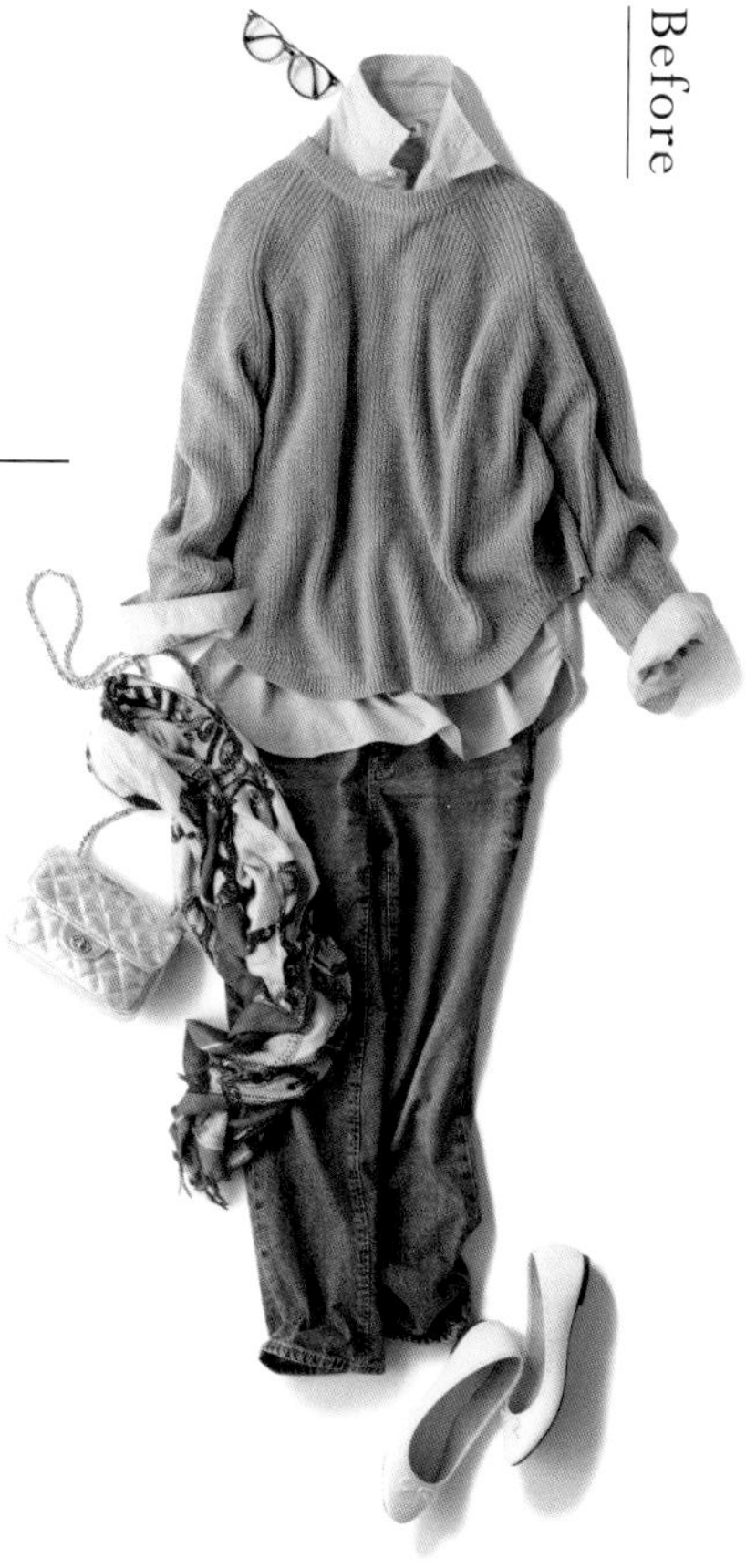

品とこなれ感、スタイルアップ効果までアップ

カジュアル感が強いざっくりニットは、ほどよいかっちり感を出せるテーパードパンツと合わせれば、簡単にキレイめカジュアルに。足元はバレエシューズで抜け感を出しても、スニーカーを合わせてもステキ。黒の引き締め力とテーパードの美脚シルエットでスタイルもよく見えます。

Beforeのデニムパンツ、靴／GU、シャツ／UNIQLO、ストール／manipuri(以上スタイリスト私物)　Afterのテーパードパンツ／UNIQLO　ニット／GU　メガネ／3COINS　バッグ／ダイアナ(ダイアナ 銀座本店)

やってみよう #19

「あたりまえ」な組み合わせを1点がえしてみる

こうなれる #19

「ローファー」をスニーカーがわりにしてコーデの品格を爆上げ！

きれいめバランスをアップできるお役立ちシューズ

カジュアルに合わせる靴＝スニーカー一辺倒になっていませんか？ 76〜79ページでは、きゃしゃめな靴をコーデする提案をしましたが、もう一つおすすめなのが、ここ最近トレンドなローファー。かっちり服に合わせるものと思いがちですが、ラフな服と合わせるとコーデが旬顔に！ 歩きやすく、脱ぎはきもラクちんですし、普段使いしないのはもったいない！ スニーカーでも可愛いけれど、「カジュアル」と「きれいめ」のバランスをややきれいめに寄せたいときは、ぜひローファーにチェンジを。きれいめ率を上げたい大人世代に特におすすめです。

トラッド靴効果で
全身のアイテムが
お高く見える〜

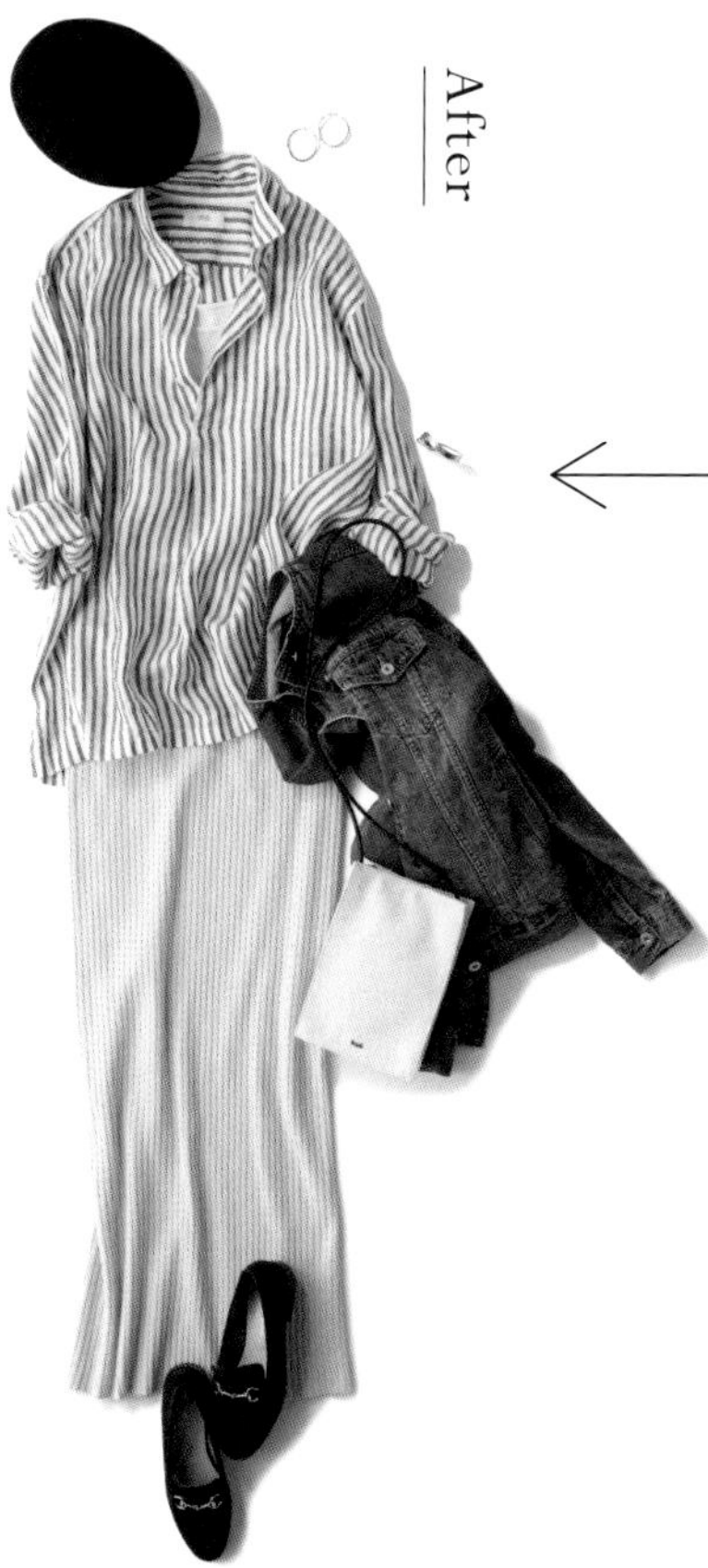

正統派トラッド靴で全身を品よく引き締め

靴だけで全身おしゃれの印象が、劇的に変わることを再認識。ローファーにかえただけでコーディネートがお高く上質に見え、全身のメリハリもアップ。近所のお散歩の流れで、そのまま街へお出かけしても♪

Afterのローファー／ORiental TRaffic（ダブルエー） Beforeのスニーカー／スタイリスト私物 デニムジャケット／MERI シャツ／UNIQLO タンクトップ／Rocco style. スカート／MERI ベレー帽／AMERICAN HOLIC バングル／3COINS ピアス／JUICY ROCK バッグ／koe（Koe 渋谷店）

やってみよう #19

「あたりまえ」な組み合わせを 1点がえ してみる

こうなれる
#19

はおりものをパーカから紺ブレにかえて**知的な大人に**

ゆったりジャケットを仕事服ではなく普段着に

ジャケットって、1枚も持っていないかたが多いかもしれません。堅めの仕事服、セミフォーマルというイメージで、「私には関係ないや」と。でも、ジャケットってスタイルカバー力もあるので大人世代の普段着に絶対的におすすめなんです。「でも着慣れないな」というかた、やわらかめ素材の長め丈をいつもの服に合わせてみて。めちゃくちゃおしゃれに見えますから！　今は1万円以内で買えるもの（120ページ参照）も多いので、気軽にトライを。大人世代も着慣れた「紺ブレ」なら抵抗感も少ないはず。カーデ感覚でさらっとはおってくださいね。

Point
紺ブレの選び方は
120ページの
ジャケットを参考に

着てみると
意外と
やりすぎ感なし！
After
Before
Hello
Hello

ネイビーと金ボタンがかもし出す大人の気品！

ジャケットの中でも紺ブレは、正統派な印象で好印象。普段のカジュアルコーデも、紺ブレをはおるだけで知的でイケてる大人の休日カジュアルに。シャープ感があって体形をカバーできるので、使わないテはないですよ。

Beforeのパーカ、バッグ／ともにスタイリスト私物　Afterのジャケット、靴 ／ともにGU
カットソー／MERI　パンツ／AMERICAN HOLIC　ネックレス／JUICY ROCK

やってみよう

#20

あこがれの「こなれ感」をかもし出してみよう

パワーアイテムを
1点投入する

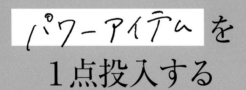

どのアイテムもコスパ高！
投入するだけの価値があるんです

1点ドーンって投入するだけで、あっという間に「おしゃれな人」と思ってもらえる、そういう魔法のアイテム（＝パワーアイテム）が、世の中には存在するのです。シンプルな着こなしって、変化を出すためにはトップス・ボトムを買いかえたり、おしゃれテクを駆使したり、いろんな工夫が必要。でも、パワーアイテムは手持ちのコーデに足すだけでOK！　「使いこなせるか心配」「モトをとれるのかな？」って思ったかた、大丈夫です！　ここで紹介するのは、誰もが似合う厳選3アイテム。ぜひともトライを。

ここまでドリルを
こなしてきた人なら
ハードル高めなアイテムも
難なくこなせます！

やってみよう #20

パワーアイテムを1点投入する

こうなれる

#20

きゃしゃな肩ひもで「カジュアルなのに大人」な女に

サロペット

Point
とろみ素材の長め丈なら大人っぽい

サロペット／Rocco style. Tシャツ／無印良品（無印良品 銀座） パンツ／GU サングラス／Lattice バングル／JUICY ROCK バッグ／AMERICAN HOLIC 靴／BIRKENSTOCK（スタイリスト私物）

ラフに着られるのに女っぽさ漂うミラクルアイテム

おしゃれな人がよく着てるサロペット。着こなしがむずかしそうに思えますが、大人世代が隠したいおなかまわりやお尻がすっぽりとカバーでき、縦ライン効果で着やせして見えるので、ぜひトライしてほしいアイテムです。ポイントはとろみ素材と細めの肩ひも。キャミドレスの雰囲気が出て女っぽく、余裕さえ漂います。普段着の定番にしましょう。

こうなれる

#20

「袖がない!」がもたらす〝それも込み〟での**わかってる感**

ジレ

Point

衿があって
ハリのある素材を

ジレ、ネックレス/ともにRocco style. パンツ/UNIQLO メガネ/3COINS バッグ/LE VERNIS(キャセリーニ) ニット/UNIQLO、靴/CONVERSE(ともにスタイリスト私物)

縦ライン効果のお尻カバー力で細見せがかなう

ジレの場合、選び方が成功のカギ。いまいちピンと着ていない人、ほっこり感のない、きりっとしたジレをねらいましょう。正解なのはテーラードやチェスター、トレンチコートなどのかっちりとしたアウターから「袖だけもぎとっちゃった」デザイン。ニットなどのやわらかくて体にまとわりつくものだと、もったりするのでハリのある素材を。

パワーアイテムを1点投入する

こうなれる
#20

ただかぶるだけで〝ちょうどいい〟おしゃれ上級者に見える

Point
ストロー素材なら子どもっぽくならない

キャスケット

キャスケット／Casselini、靴／H&M（ともにスタイリスト私物）　ニット／yueni（ジオン商事）　パンツ／AMERICAN HOLIC　イヤリング／3COINS

テクいらずでフレンチカジュアルな最強の好感小物

キャップだとスポーティーすぎ、ハットだとカッコつけすぎ、ベレーはかぶり方がむずかしくてヘタするとパリの絵かきさん風に。帽子ってなかなか〝ほどよい〟ものがありませんが、キャスケットならすべての問題をクリア。キャップにはない品とハットにはないアクティブさをあわせ持ち、かぶり方のテクも不要。外出時のお供にしてください。

山本あきこより

Akiko Yamamoto
Fashion Drill

応用編

— APPLICATION —

まで終えたあなたへ

これでドリルは修了です！
よく頑張りましたね!!
てか…やせましたよね？めっちゃ若返ったし、
キラキラしちゃってますね？
（見なくてもわかりますって〜！）
あなたはもうあなた自身の力で
もっともっとおしゃれになっていけます！
これからは同じおしゃれ仲間として、
一緒に楽しみましょう♡

今やあなたのおしゃれスキルは上級者レベル。成功体験を積み重ねた自信にあと押しされ「おしゃれをわかってる感」を自然と放ってます！　服を通して自分とコミュニケーションをとってきたことで、あなたのコミュ力も格段にアップしています。堂々と好きな服を着こなせるということは、思ったことを上手に伝えられるということ。職場でも家庭でも友達ともハッピーな交流が増え、ポジティブな循環が生まれるはずですよ！

祝卒業

おめでと〜〜！

あとがき

私がパーソナルスタイリングを始めるきっかけとなったのは、10年前の東日本大震災。

当時、雑誌などのスタイリングを生業《なりわい》にしていた私は、自分の無力さに絶望し、「衣食住は生活の柱ではあるけれど、〝衣〟にまつわる仕事では人の助けにはなれないかも」と、考えるようになりました。

そんな中、撮影で出会ったある家族。

パパを変身させて、ママや子どもたちが変身したパパを迎え入れるという企画でした。

まるで別人のように変身したパパの姿を見て、思わず涙ぐんでしまったママ。

かっこよくなったパパを見て大喜びでスタジオじゅうを駆け回る子どもたち。

その様子を垣間見たとき、私自身、全身が震えるほど感動したのを今でも鮮明に覚えています。

そのことがきっかけで、衣（＝洋服）を楽しむことで、少しでも心豊かに暮らしていくお手伝いがしたいと、パーソナルスタイリングの道へ。

これまで1万人以上のかたとお会いしましたが、目の前のかたがどんどん自分の魅力に気づかれ、それをきっかけにご自身のライフスタイルにも積極的になられていく姿を目撃させていただいております。

そのたびに、とってもうれしくなり、私自身のエネルギーにもなっています。

コロナ禍が続く今、なかなか生活に制限がある中ではありますが、このドリルがみなさんのおしゃれを、そして毎日を楽しむ、少しでもお役に立てましたら、この上ない幸せです。

山本あきこ

S H O P L I S T

掲載商品の問い合わせ先

アダストリアカスタマーサービス
0120-601-162

AMERICAN HOLIC プレスルーム
0120-659-591

井田ラボラトリーズ
0120-44-1184

OX JEWELRY
info@knower.biz

キャセリーニ
03-3475-0225

Gap新宿フラッグス店
03-5360-7800

koe 渋谷店
03-6712-7253

コーセー
0120-526-311

コーセーコスメニエンス
0120-763-328

GU
https://www.gu-global.com/jp

ジオン商事
03-5792-8003

資生堂
0120-81-4710

Jines ペリエ千葉店
043-301-5030

シャンティ
0120-56-1114

JUICY ROCK
http://www.juicyrock.co.jp

3COINS
https://www.3coins.jp/contact

セザンヌ化粧品
0120-55-8515

ダイアナ 銀座本店
03-3573-4005

ダブルエー
03-5423-3601

ちふれ化粧品　愛用者室
0120-147-420

ファイブフォックス カスタマーサービス
0120-114563

PLST
03-6865-0500

MERI
050-3558-1203
https://www.rakuten.ne.jp/gold/meri/

無印良品 銀座
03-3538-1311
www.muji.net

UNIQLO
https://www.uniqlo.com/jp

Lattice
06-6231-3817
https://www.palcloset.jp/lattice/

リンメル
0120-878-653

LesSignes
06-6231-3817
https://www.palcloset.jp/lattice/

Rocco style.
03-6451-1620
https://roccostyle.shop/

【企画協力】
赤城乳業、明治

※本書掲載の情報は2021年3月現在のものです。
掲載商品の在庫がない場合や仕様や価格などの変更がある可能性がありますのでご了承ください。
※私物については各ブランドへのお問い合わせはご遠慮ください。
※私物の価格は購入当時のものです。

山本あきこ

スタイリストとして女性誌や広告など多くの媒体で活躍した実績と経験を生かし、さまざまな人たちに似合ってとり入れやすいコーディネート理論を確立。「センスは持って生まれたものではなく鍛えられる」という信念のもと、2013 年より一般女性向けにスタイリングのアドバイスをスタート。予約開始とともに「予約のとれないスタイリスト」に。「どんな人でもいつからでもおしゃれになれる」をモットーに、これまでに 1 万人以上のスタイリングを手がけ、つくったコーディネート数は 30 万を超える。4 冊の書籍と 1 冊のムック本を出版。累計発行部数は 30 万部以上。『毎朝、服に迷わない』（ダイヤモンド社）、『これまでの服が似合わなくなったら。』（幻冬舎）など。ライフ&ファッションスタイリスト協会代表。

▷ **Instagram**
https://www.instagram.com/akiko_yamamoto__/

▷ **YouTube**
https://www.youtube.com/channel/UCUoKlglaW9QKN4Q0ScbkIkQ

▷ **オフィシャルブログ**
https://ameblo.jp/akko-mystylist/

▷ **WEBSITE**
https://rocco-style.com/

オンラインファッションスクール
「ファッションカレッジ」

2016年よりスタート。生きたコーディネート力を身につけるというコンセプトのもと、体系立てられた独自の理論に基づき、実践を通してファッションスキルを習得していくスクール。これまで、のべ約400名の卒業生がいる。

STAFF
ブックデザイン ／ 高木秀幸・萩野谷直美（hoop.）
撮影 ／ 中村彰男（人物）、木村慎（静物）、佐山裕子（主婦の友社／静物 p.027）
ヘア&メイク ／ SAKURA（life&fashion LABO）
イラスト ／ カツヤマケイコ
スペシャルサンクス ／ もとこ、とみゆか、あみーご、ちえぞう、しの、いづみん、かこ、さとみん
構成・取材・文 ／ 坂口みずき
編集担当 ／ 野崎さゆり（主婦の友社）

自分《じぶん》を好《す》きになる！ 人生《じんせい》変《か》わる！
山本《やまもと》あきこの日本一《にっぽんいち》楽《たの》しいおしゃれドリル

2021 年 5 月 10 日　第 1 刷発行

著　者	山本《やまもと》あきこ
発行者	平野健一
発行所	株式会社　主婦の友社 〒141-0021 東京都品川区上大崎 3-1-1 目黒セントラルスクエア 電話　03-5280-7537（編集） 03-5280-7551（販売）
印刷所	大日本印刷株式会社

ISBN 978-4-07-447592-6

■本書の内容に関するお問い合わせ、また、印刷・製本など製造上の不良がございましたら、主婦の友社（電話 03-5280-7537）にご連絡ください。
■主婦の友社が発行する書籍・ムックのご注文は、お近くの書店か主婦の友社コールセンター（電話 0120-916-892）まで。
※お問い合わせ受付時間　月～金（祝日を除く）9:30 ～ 17:30
主婦の友社ホームページ　https:// shufunotomo.co.jp/